ANATOMY

女性運動 解剖學
FOR
WOMEN

FOR **STRENGTH** AND
FITNESS TRAINING

伸展與體能訓練

女性運動解剖學

ANATOMY

女性運動 解剖學
FOR WOMEN

FOR STRENGTH AND FITNESS TRAINING

伸展與體能訓練

馬克·維拉
Mark Vella

楓 書 坊

致謝

獻給天上的爸媽，希望你們也能看到這一切。

這本書要獻給你們和你們所成就的一切。

時間並未讓記憶煙消雲散，反倒讓記憶更難抹滅。

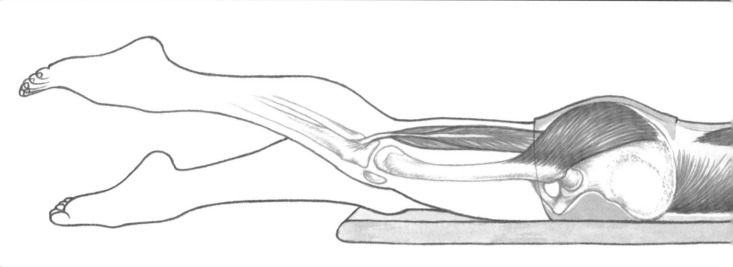

作者序

過去的十九年，我已經和無數才華洋溢的老師和學生，在健康科學領域累積了不少成就。感謝我的同事 Sally Lee 和 Tanya Wyatt，他們是我認識最棒的健康與健身專家，為這個團隊增色不少。這本書是一本充滿創意的合作成果。謝謝 James Berrané 對本專案的熱情投入，挹注了不少觀點。如果少了他，這本書的企劃恐怕只會淪為紙上談兵。當然也要感謝 New Holland 和 McGraw-Hill 出版社的團隊。感謝、再次感謝、非常感謝。

要完成像這樣的一本書需要很多人和組織的幫助，衷心感謝來自各方的協助：

- 感謝開普敦大學健康科學系 Graham Louw 教授的指導。
- 感謝格羅特舒爾解剖學博物館策展人 Caroline Powrie 慷慨相助。
- 感謝開普敦 Long Street 上的 Virgin Active Gym，讓我們的生活好過很多。
- 感謝來自開普敦市立芭蕾舞團的 Lara Turk 和 Terri Bruning，完美地擔任我們的模特兒。
- 感謝來自 ETA 大學的 Glennis Harris，總是那麼可靠。
- 感謝美國運動醫學會的 David Brewer 和 Christa Dickey，以及來自 Lippincott, Williams and Wilkins 醫學出版社的 David O'Brien 和 Gill Watson，感謝你們的貼心與周到。

【專業推薦】

◎ 這是我一直在等待的一本書，為女性而寫的訓練
參考書。我熱愛的瑜伽非常棒，也是現代女性減
壓與調整情緒的大幫手，但女性的整體健康還需
兼顧其他的面向：了解女性的身體構造、建立基
礎的有氧、肌力訓練、徒手與器械的選擇、訓練
方式與要點都在這本書裡被討論到了，不但可以
作為了解運動科學與訓練的基礎，也能在此基礎
之上與專業指導者對話與討論，更能因為了解訓
練背後的原理而更適切的選擇自己所需要的練習，
非常推薦給所有女性朋友們！

　　——goddess yoga tw 心流旅程創辦人 / vicky 老師

◎ Claire C. 運動物理治療師

◎ 「Flow with Katie 凱蒂瑜珈」頻道、「流動瑜伽的
身心回正練習」作者 / Katie

◎ 陽明交大領航物理治療所 共同創辦人、Kinetic
Control 國際講師 / 林維萱

◎ 《瑜伽這檔事》作者、瑜伽老師 / Phoebe 張以昕

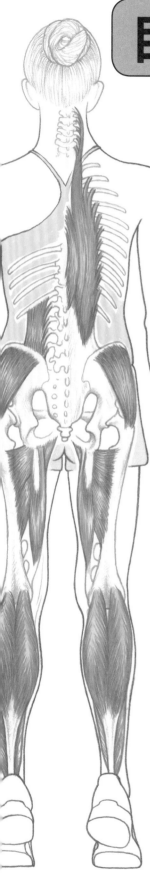

目錄 CONTENTS

近十年的研究已經清楚讓我們了解到，女性運動的方式應該和男性有所不同。女性與男性有完全不同的生理結構和生命週期，各種專屬女性鍛鍊和運動的計劃，都應該配合女性的體格、不同生命週期的運動方式來設計。這本《女性運動解剖學：伸展與體適能訓練》提供了重要的訓練知識、針對女性運動的圖解和分析，當然，還附上了每個運動的詳細說明。本書不但是特別設計的運動指導手冊和參考書，也是一本附有精美插圖的教材。非常適合想要了解身體在運動時會如何變化、學習如何制定個人運動計劃的女性閱讀。同時這也適合正在學習運動科學和解剖學的運動員、教師和學生參考。

如何使用本書

《女性運動解剖學：伸展與體適能訓練》不只運用圖像和文字來分析常見的幾種運動，也是教導妳如何正確作出各種動作的指導手冊。

本書的前言會先介紹解剖學在描述動作與進行運動分析時，最基本的專有名詞；如何自我評估體能與體格狀態以設定個人化運動計劃。如右圖下方的說明所示，妳能夠基於運動評估的結果，選擇想要的動作。

「運動」是這本書最核心的主題。本書會介紹：各種有氧運動；穩定姿勢的「穩定肌」是如何發育的；胸部、腿部、髖部、背部、肩部與手臂的各種運動以及靜態伸展等。每一項運動都會附上一段最基本的

簡介，介紹該訓練所影響的身體區塊和訓練類型。每一項運動都有獨立的篇幅，並附上簡單明瞭的背景知識介紹。每一項運動的介紹中，也都可以查到「如何」正確地操作該項運動的指引，搭配說明清楚的圖片，分析運動的技巧，解釋哪些肌肉被當成動作肌，哪些肌肉負責穩定姿勢。圖中也會特別畫線標示，運動開始前的準備與預備動作。

一般而言，成人的身體大約由

600 條大小不一的肌肉和 206 塊骨頭組成。本書會介紹將近 70 條左右與肢體運動較為相關的主要肌肉。其他像是位於脊椎周邊深層的豎脊肌、手部和腳板的小肌肉，並非本書此次特別關注的重點。畢竟如果要考量到小肌肉的運動，那可能需要好幾頁的篇幅，才足以分析一項運動或動作。

示意圖：本書如何介紹各項運動。

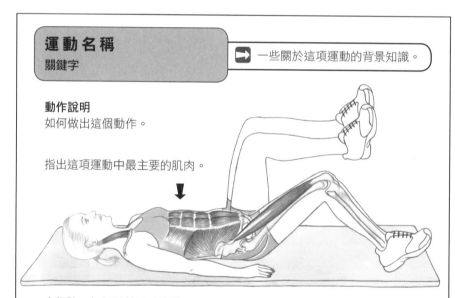

運動名稱
關鍵字

➡ 一些關於這項運動的背景知識。

動作說明
如何做出這個動作。

指出這項運動中最主要的肌肉。

小秘訣：如何保持正確姿勢
・關於這項訓練或運動的重要建議。

開始前的姿勢與準備
・如何準備做這項動作，並正確地結束。

補充重點
・做這項動作的事前準備與其他有用的資訊。

動作說明
技術層面的分析，詳述這項動作中用到的關節、關節運動、動作肌與穩定肌。

運動分析	關節一
主要關節	髖關節
關節運動	
主要運動肌	

穩定肌	

解剖學的定義與名詞解釋

解剖學有一套特殊的專業術語，雖然聽起來非常艱深，但其實是有邏輯的。解剖名稱多半來自拉丁語或希臘文的字根，並不難學，很快就可以了解每條肌肉、骨骼與解剖構造的名字。

肌肉骨骼系統

人體可大略分為 12 個系統。每個系統間會密集地互動，以控制身體各種複雜的生理反應。本書特別針對控制動作和姿勢的肌肉系統和骨骼系統，搭配各種插圖進行分析。因為肌肉系統與骨骼系統的功能非常相關，也常常合併稱為肌肉骨骼系統。

骨骼系統由骨頭、韌帶（連結骨頭與骨頭）和關節（也就是骨頭相交之處）組成。成人有 206 塊大小不一的骨頭，總重量大約 8-9 公斤（18-20 磅）左右。骨骼系統是人體運動的框架。肌肉附著在骨頭上，

跨過能自由移動的關節，收縮肌肉，讓關節做出動作。

肌肉系統則由三種不同類型的肌肉組成：心肌、平滑肌與骨骼肌。

心肌形成心臟肌肉壁，平滑肌組織則位在腸胃道和血管等內臟器官，這兩種類型的肌肉都是不可隨意運動的肌肉，由自律神經和賀爾蒙控制。女性身上有將近 700 多條肌肉，其中約 650 條都是骨骼肌。一般而言，人體的體重有半數左右來自肌肉的重量，其中將近三分之一則是水分的重量。

肌肉藉由肌腱附著到骨頭上。這些連接點被稱為肌肉起點或肌肉止點。肌肉的起點通常位於近端（靠近四肢與身體連接處），或是靠近中線或身體中心的附著點。肌肉起點通常也是比較不會移動的肌腱，在肌肉收縮的時候，具有支點的功能。肌肉止點則是肌肉附著在遠端（遠離四肢與身體連接處），或是

遠離中線或身體中心的附著點。肌肉止點通常是移動幅度最大的位置，會被肌肉往起始點拉近。

解剖學專有名詞
解剖位置

在學習解剖結構以及如何分析某項動作時，應該要先學會解剖學描述人體解剖位置的標準用法。每個解剖結構的動作和位置在命名的時候，都會預設人體處在解剖位置。

所謂「解剖位置」指的是：身體直立、面向前方、下肢與雙腳併攏、上肢放鬆自然下垂、左右手掌打開朝前的標準動作。

解剖學專有名詞
位置與方向

解剖學有一套用於描述身體結構位置與方向的專有名詞。人體是相當複雜的立體結構，熟悉這些描述位置與方向的名詞，即可比較身體的不同位置，還有不同結構間的相對關係。無論人體坐著、站著或躺下都有各自對應的標準化名詞。

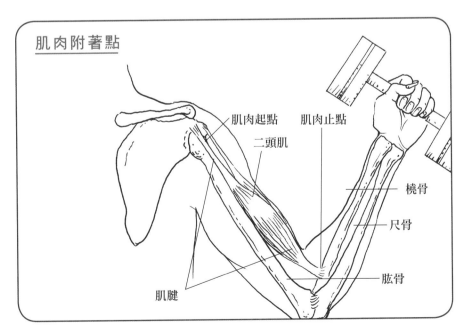

肌肉附著點

肌肉起點
肌肉止點
二頭肌
橈骨
尺骨
肱骨
肌腱

描述「位置」與「方向」的解剖名詞

位置	定義	例如……
前方	面向前方，前面方向	腹肌位於身體的前方
後方	面向後方，後面方向	膕旁肌位於腿部後方
上方	在某個結構上方，朝向頭部	肩部在髖部上方
下方	在某個結構下方，朝向足部	髖部在肩部下方
外側	遠離中線或朝向外側	膝關節外表面為外側
內側	朝向身體中線或是中間、中心方向	膝關節內表面為內側
近端	靠近身體或是肢體根部，有時也用來表示肌肉的起點	髖關節位於膝關節近端
遠端	遠離身體中線、中心或是肢體根部，有時也用來表示遠離肌肉起點的某個位置	腳趾位於腿部最遠端的位置
淺層（淺處）	靠近身體表面，比其他結構更接近表面	股直肌是最淺層的股四頭肌
深層（深處）	遠離表面，相對於其他結構更為深層	心臟位在肋骨深處被保護著
俯臥	面部朝下躺著	俯臥姿做背部伸展，如名字所説的，要先以俯臥的方式躺好
仰臥	靠著背部，面部朝上	捲腹時，需要先仰臥躺好

關節動作

知道身體運動時會運用到哪些關節，對於了解身體如何運動和分析運動相當重要。

關節的種類

有些關節被完全鎖死或幾乎鎖死到不太能移動，或只能極些微地移動。例如頭骨間的關節就相互卡得很緊，又被稱為骨縫，屬於不動關節。而脊椎與骨盆間的薦髂關節（sacroilliac joint，sacro 指的是薦骨，iliac 的是髂嵴）就屬於幾乎鎖死的類型，只容許極小範圍的移動。第三種則是滑液關節，關節之間能依據關節面不同形狀、大小和結構，朝不同方向自由活動。

滑液關節是最常見的類型，這種關節的周邊都由關節囊包覆，隨著關節活動，關節囊內膜會持續分泌潤滑用的關節液。肩關節、膝關節、髖關節和踝關節都是典型的滑液關節，手部、足部甚至是脊椎椎體間的關節也都是滑液關節。所有的關節中，膝關節是最大的，髖關節是最強壯的，肩關節則是相對最不穩定的關節。

關節活動

當人體做出某些動作，例如舉起重物或是跑步時，會發生一系列神經刺激與肌肉收縮，來完成某滑液

關節的活動。

例如當我們做二頭肌彎舉，手臂之所以能夠舉起重量，就是因為附著在上臂與前臂（橈骨與尺骨）的二頭肌，讓肘關節的角度逐漸變小。二頭肌收縮，縮短了二頭肌的長度，因此舉起前臂。

關節活動的關鍵點

多數用來描述關節活動的名詞都能相互通用，套用到不同關節上，但也有某些描述只能用來形容特定的關節活動。多數關節只會在同一個解剖平面上活動，例如屈曲肩關節、髖關節或膝關節，都只會發生在同一個解剖平面，這讓我們在學習關節如何活動和運動分析時，更有邏輯且簡單明確。下一頁的表格中，我們會先列出較常見的動作，然後補上那些只發生在單一關節的特定動作。

一般而言，關節所能做出的動作和關節的活動方式有關，例如屈曲肩關節、伸展膝關節，旋轉脊椎，下壓肩胛骨等等。但嚴格來說，用肢體或身體的某個部位來命名一個動作並不恰當。比如當我們說「伸展腿部」時，並沒有明確說明這個動作如何發生，究竟要伸展膝關節、髖關節還是踝關節呢？

每一項動作都是成對發生。例如當我們說「向前」的同時，一定也有一個「向後」的動作回到原來位置。一般都是屈曲對上伸展、外展對上內收、內旋對上外旋、前突對上後突。你會在運動的章節裡看到這些分析的名詞。

所有動作都以第 9 頁提及之解剖位置的方向來命名，例如「手肘屈曲」，無論人體是站著、躺著或坐著，指的都是同一個動作。

女性的身體和男性有何不同呢？
骨骼結構的差異

大體而言，女性的骨骼結構相對於男性較為嬌小且平滑，長度只有 93%，大小也只有 92% 左右。不過骨頭的比例並不一樣，女性的身體較為細長，腰部以下到腿部的比例也較長。因為體型的變化，同樣身高的男女，女性相對於男性更為高瘦，腿部較為修長。這使得女性下肢的力臂增長，膝蓋受傷的可能性也提高。女性的重心也較男性低，因此平衡更好。

肌肉與結締組織

簡單測量身體的肌力可以發現，女性的肌力通常只有男性的五成到七成，且集中在上半身，大概是男性上半身肌力的六成左右。相對於男性，女性的肌肉量多半較少，但體脂肪較厚。男性的骨骼結構則較為高大且寬，創造了更具優勢的力臂結構。除此之外，女性的肌肉組成和男性並無不同。造成性別差異的遺傳因子，並未影響肌肉的質量和力量。女性每公斤肌肉所能發出的力量和男性的肌肉一樣。如果給予類似的訓練，肌力的進步也幾乎相同。

某些特定的運動，像是登山、跳舞或是體操等，由於女性的重心較低、柔軟度高、肌力／體重比較好、力臂較短，因此相對有更好的肌力比例。

脂肪組織

全身的脂肪可分為兩大類，以儲藏位置來命名，一種是儲存在內臟和肌肉，用於各種特定目的的脂肪；另一種是位在皮下的脂肪。多餘的脂肪通常儲存在皮下脂肪組織。

體內高濃度的雄性激素與生長激素，會使男性的肌肉量較多，基礎代謝量也較高。因此男性吃得更多，比女性消耗更多熱量。女性激素則會促使女性的身體儲存更多脂肪。

女性的體脂肪比例比男性更高（12% 與 3%），脂肪含量也較高。二十多歲的女性，體脂肪大約是 23%-27%，同年齡的男性，則大約是 16%。45 歲左右的健康女性，體脂肪含量可能會達到 32%，而男性大約是 25%。

男性的脂肪多半集中在腹部。女性的脂肪則集中在臀度與腰部、大腿內側和上臂後側、頸部、肚臍周邊和膝蓋內側。女性的胸部也充滿脂肪，富含乳腺。

女性較男性更容易發胖，對於較早停經或是相對不太運動的女性來說更加明顯。

體脂肪偏高是女性正常的生理現象。健身諮詢時必須先定義什麼是肥胖、什麼是健康的體脂肪比例，再依此去設定合理的目標，才能健康地達成符合現實的期待。

人體關節常見的活動方式

常見動作	發生在哪個解剖平面	說明	例如……
外展	冠狀切面	遠離中線的動作	髖關節外展
內收	冠狀切面	靠近中線的動作	髖關節內收
屈曲	矢狀切面	減少兩者結構間的角度	將前臂向上臂彎 站姿槓鈴彎舉
伸展	矢狀切面	增加兩個結構間的角度	將前臂遠離上臂 同上動作，往下的時候
內旋	橫截面	以垂直線為軸轉向中間	滑輪交叉
外旋	橫截面	以垂直線為軸轉離中間	扭腰
迴旋	所有切面	肩關節或髖關節完整繞一圈	迴旋手臂

特殊狀況

1. 踝部的動作

蹠屈（足部下壓）	矢狀切面	足部下壓	獨立式提小腿（身體向上時）
足背屈（足部上提）	矢狀切面	足部往脛骨方向上提	獨立式站姿提小腿（身體向下時）

2. 前臂的動作（橈尺關節）

內旋	橫截面	相對於手肘，將手部與腕部向內轉	站姿啞鈴彎舉
外旋	橫截面	相對於手肘，將手部與腕部向外轉	轉動手掌

3. 肩胛骨的動作

下壓	冠狀平面	肩胛骨往下的動作，將肩胛骨下壓	穩定肩帶結構，例如髖部外展肌群
提起	冠狀平面	肩胛骨往上的動作，例如將肩胛骨前彎	坐姿啞鈴肩推（往上）
外展	橫截面	將肩胛骨推離脊椎	坐姿滑輪划船
內收	橫截面	將肩胛骨拉近脊椎	同上
向下旋轉（內旋）	冠狀平面	在往上旋轉後，肩胛骨往下旋轉	滑輪機：前外側下拉
向上旋轉（外旋）	冠狀平面	肩胛骨往上旋轉，肩胛骨內緣往外往上移動	同上

4. 肩膀的動作			
水平向外伸展（橫向外展）	橫截面	肱骨遠離中線的動作	平臥啞鈴飛鳥
水平向內屈曲（橫向內收）	橫截面	肱骨靠近中線的動作	同上
5. 脊椎／身體的動作			
側屈曲	冠狀平面	身體沿著冠狀平面遠離中線的動作	抗力球：坐姿側邊伸展

關節運動

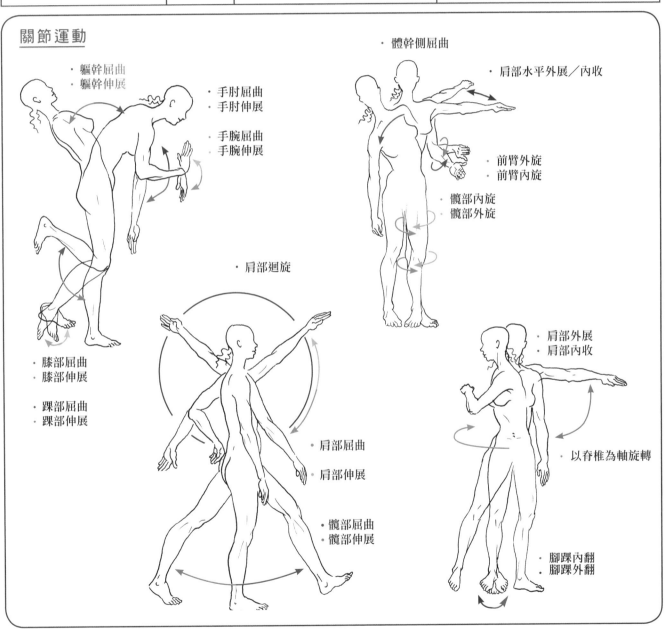

· 軀幹屈曲
· 軀幹伸展

· 手肘屈曲
· 手肘伸展

· 手腕屈曲
· 手腕伸展

· 膝部屈曲
· 膝部伸展

· 踝部屈曲
· 踝部伸展

· 肩部迴旋

· 肩部屈曲
· 肩部伸展

· 髖部屈曲
· 髖部伸展

· 體幹側屈曲

· 肩部水平外展／內收

· 前臂外旋
· 前臂內旋

· 髖部內旋
· 髖部外旋

· 肩部外展
· 肩部內收

· 以脊椎為軸旋轉

· 腳踝內翻
· 腳踝外翻

運動分析與原則

運動分析的目的

運動分析可以讓你了解特定的動作是由哪些關節肌肉作用和如何作用。改變這些動作和動作不確實，會同時影響原本用來做這個動作的肌肉，及其運用的方式。如果你刻意要訓練特定肌肉，運動分析可以告訴妳這條肌肉在某些運動中有沒有被使用到，以及有沒有確實把動作做對。

不同的體格

「Somatotype」這個字的意思是體格。「體格」是一種用來區分身體生理狀態差異的系統。基本上，可以將人類分為三種體格：相對較胖的矮胖型（Endomorphs）、相對肌肉骨骼較為發達的運動型（Mesomorphs）以及相對較為纖細的高瘦型（Ectomorphs）。評估體格可以看出自己分屬這三種類型的相對比例有多少。特定的體格也會反映出特定的特質，例如：高瘦型的人通常比矮胖型的人更擅長有氧運動，矮胖型的人可能比其他體格更具力量。

矮胖型體態

矮胖型女性的身材多半是梨形胖，這意味著脂肪多半都堆積在髖部。在停經之後，則會轉為蘋果型的身材。這是因為腹內脂肪降到腹部的緣故。矮胖型的男性身材也傾向蘋果型，多半是腹部肥胖。一般而言，矮胖型的人減重會相對辛苦，比起其他體型也更容易發胖。女性比男性則有更高的比例會是矮胖型身材。

健美型體態

健美型身材的女性，身材會接近沙漏，胸部和臀部的尺寸相對相近，腰身較細。這種身材雖然很受歡迎，但相對於男性，只有很少數的女性才擁有這種身材。

高瘦型體態

高瘦型身材的女性難以增胖，比起其他體格的女性，身體的曲線較不明顯。雖然高瘦型體態的女性可以很快從運動的疲累中恢復，但由於四肢過於纖細，加上肌肉大量流失，這種體型的女性更需要姿勢和肌肉的訓練。

準備開始！

隨著妳發憤圖強，開始建立運動習慣之後，妳很有可能會經歷下列三個階段。了解這三個階段，能夠幫助妳在每一個階段調整心情。運動過程中遭遇挫折是很正常的。時而衝刺、時而放鬆，堅持下去才能度過這些階段。如果妳很容易就覺得無聊，試著在運動計劃中加入一些變化吧。和其他人組成健身好夥伴一起運動，也是個不錯的點子。

激勵自我的三個階段

抗拒期

一開始會有將近 6-12 週左右的抗拒期，此時妳的動力可能會相對比較低，對運動的抗拒程度較高。最重要的就是要持之以恆。保持妳健身的習慣。健身計劃可以相對保守

一些，先不要那麼複雜，但還是要保持一定的挑戰性，讓妳覺得自己的努力沒有白費。這個階段通常會發現一些評估時沒有發現的事情，因此得重新調整健身的目標或重新選擇運動計劃。雖然妳可能不會看到身體有太多變化，但第三週之後，應該可以開始感受到差異。很多人都覺得自己睡得更好了。

變化期

第二階段大約會持續 3-6 個月，妳會開始看到身體有一些變化。妳可能會因為想要改變更多而過度運動。為了避免這種狀況，盡可能採取事半功倍的原則。在每三個月一次的評估中，根據成績再適度地做出調整。妳也應該能夠感受到身體健康與體能上微妙的變化。訓練的頻率通常會在這個階段達到顛峰。

穩定期

當妳發自內心想要運動，且已建立運動習慣的時候，恭喜妳進入穩定期！妳現在可能會在家裡做一些喜歡的運動，例如有氧運動或是游泳等，甚至會在日記中記錄運動成果。為了避免停滯不前，保持對運動的渴望，試著每三個月左右就變換一下運動計劃吧。這個時候妳也可以選擇諮詢專業的教練，針對個人進行訓練，學習更多運動相關知識和技術。

妳應該要知道的運動原則

功能性訓練是希望妳能以類似日常生活中運用身體的方式，來鍛鍊妳的

身體。多數功能性訓練會導入複合式的運動，多半是需要多肌群和多關節的閉鎖鍊運動或承重運動。功能性訓練是一種提升健康的健身方式，屬日常健康的一部分，確保提升生活中各種體能需求的品質，一般被分為心肺運動、柔軟運動、肌力運動、肌耐力與柔軟度運動。其中心肺運動因為最能大幅度地影響健康，因此也最為重要 。最近功能性訓練也開始包括體態的肌力訓練等等。

運動的原則是基於自然定律所發展出來的。了解這些原則有助於妳安全、有效地運動，確保取得最好的效果。

特殊適應原則（SAID principle）

依據特殊適應原則，如果妳持續運動（刺激），妳的身體會漸漸有所變化以回應體能上的需求。這表示如果妳常常拉筋（刺激）增加柔軟度（反應），那麼妳的身體可能也會漸漸變得更加柔軟（適應），來回應關節活動範圍增加的需求。幾乎每一種體適能都可加以發展與訓練。身體的改變與訓練是一對一的關係。如果妳常常跑步，那妳可能會成為一名跑者。如果妳常常騎車，那妳會變成一個更好的腳踏車選手。所以妳的訓練計劃，必須要能夠對應到妳所期待的身體變化。

這個原則也解釋了為什麼訓練姿勢和位置這麼重要，甚至能夠受用一生。舉例來說，站姿運動除了能強化脊椎與身體和腿部的穩定肌，這些健身成果也能應用在日常生活中。至於身體適應的速度則因人而異，不過剛開始運動的初學者或是體能需求較低的人，通常進步會最快。

超負荷原則

健身時為了追求進步，身體需要稍稍過度的刺激。所以如果你想要增加肌力，必須要承受高過既有肌力的重量。這種程度的刺激稱為超負荷。請注意，如果負荷過重，非常有可能會受傷。

運動處方原則（F.I.T.T.）

有四個向量可供妳判斷，什麼時候妳的運動處方或訓練計劃，已經超出了負荷。這四個向量就是:頻率、強度、類型和時間。如果沒有將這幾個向量放入考量，妳可能無法完成訓練計劃。為了最大化訓練成效，妳可以在這四個層面加強訓練。

進步原則

隨著時間過去，身體將能漸漸適應一開始的訓練強度。為了突破平期，可能要考慮增加超負荷的程度。

可逆性原則

我們常說：「用進廢退」，這就是可逆性原則最簡單的例子。當刺激消失後，身體適應刺激的成果，可能也會隨之消失。

休息／努力原則

休息與復原期和訓練本身一樣重要，必須和訓練達成平衡。休息太多會失去訓練的成果，運動太多則會過度訓練。

如果妳的運動計劃是以維持健康為目標，應該要有一定的變化，體能狀態越好就越需要；如果妳的運動計劃是以鍛鍊為主，那應該兼顧安全與效用的平衡。

關於營養的小秘方

為了能夠持續訓練，妳也必須維持一定的能量需求。妳必須給予身體兼具品質與數量的營養。例如穀類、豆類、水果、蔬菜、核果類等未經加工或些微加工的原型食物。這些食物的營養含量相當完整且兼具平衡，請盡可能地將這些食物加入妳的飲食清單。盡量避免商業加工以及大量添加各種添加物和防腐劑的食物、炸物和速食。適度攝取含有咖啡因、酒精、人工糖精以及奶製品和動物性蛋白的食物，盡可能多喝乾淨的白開水。

減少某些會讓身體流失重要營養素的物質或因素相當重要。例如抽菸、喝酒、壓力、毒品和汙染物質，這些都有可能抑制我們吸收必要的營養素，導致營養不良。細嚼慢嚥、三餐正常、讓身體有消化的時間、對飲食保持健康的態度跟妳吃了什麼一樣重要。為了避免因為不健康的習慣，更動自己的營養計劃。

設計運動計劃

世上並不存在完美適用所有人的運動計劃，但你可以找到屬於你的完美計劃，一個符合你的需求和目標，不斷改善既有弱點、加強力量的計劃。為了客觀量測你現在的體適能，需要先做一些基礎體能相關的測驗。那些「我看起來」、「我感覺」變胖了，或是「我好像需要瘦個十公斤」這種主觀敘述，是很不準確的，這些敘述往往跟情緒有關且和客觀事實有所落差。

體適能測試是一種值得付費的專業服務，通常會在健身房或健康中心，由合格的教練來協助測驗。一個合格的健身教練也能夠以你的受測結果，給予更清楚的說明，並提供更多個人化建議。

開始之前，請先參考下一頁的五種基礎測試。這是從標準測試改良後的準則。這些準則會評估你的體格和其他四個與健身相關的重要指標，有助於了解哪個健身計劃最適合你。分析結果後，妳就能得到一個符合需求的健身計劃。

第一步：運動前篩檢

這會幫助你了解並確認對運動的認知。在執行測驗或運動計劃前，了解自己的體適能是相當重要的。對於下列的問題，如果妳的答案為「是」，那麼在妳開始任何體能測試或運動前，請先聯繫妳的醫師做進一步的了解。

1. 妳是 55 歲以上的女性嗎？
2. 妳的男性直系親屬（兄弟或父親）在 55 歲以前，或是女性直系親屬（姊妹或母親）在 65 歲以前，有心臟病發或猝死的病史嗎？
3. 妳曾被診斷出疑似心臟或肺部疾病嗎？
4. 妳曾感染人類免疫缺乏病毒（HIV）嗎？
5. 妳有任何會因為運動而被誘發的神經肌肉疾病、肌肉骨骼疾病或風濕免疫疾病嗎？
6. 妳現在仍有抽菸習慣或是戒菸未滿六個月嗎？
7. 妳的血壓是否超過 140/90 mmHg？
8. 妳的血膽固醇是否高於 6 mmol/L，高密度脂蛋白低於 1 mmol/L？
9. 妳是否為需要胰島素治療的糖尿病病患？
10. 妳的體能狀況健康嗎？
11. 妳曾昏倒、異常疲倦、疼痛、呼吸淺快、心悸或頭暈嗎？
12. 曾經有醫療人員建議妳不要運動嗎？
13. 妳有任何其他會因為運動加重的病症或傷勢嗎？
14. 妳現在正在懷孕或是近三個月內剛生產完畢嗎？
15. 近三個月內是否進行過任何手術？
16. 妳還有任何不應該進行體能訓練的理由嗎？

第二步：居家健身評估

居家健身評估能幫助妳找到適合自己的健身計劃。盡可能在一天之內，將下列及下頁的各項測試依序測驗完畢。作測驗兩個小時前，避免吃得太飽，應穿著舒適、寬鬆的衣服。為了測驗的效度，請務必遵守各項測試的指示。測驗結束之後三個月再次測試，之後每六個月進行一次，以了解進步的程度，再針對運動計劃進行調整。如果妳覺得頭昏、暈眩，在再次測試前，請停止運動並與妳的醫師聯絡。

健身評估測試

身體檢查
量測身高（公分）
脫鞋站立、量測垂直冠狀切面的高度。

測量結果（公分）【.........................】

量測體重（公斤）
脫鞋站立。盡可能使用指標示的平衡秤（許多健身房都有）。

測量結果（公斤）【.........................】

量測身體組成：身體質量指數（BMI）
這是體重（公斤）除以身高（公尺）平方的指標。單位為公斤／平方公尺（kg/m²）。

測量結果（kg/m²）【.........................】

體格測試

選擇最適合妳的體格。

矮胖型身材	健美型身材	高瘦型身材
圓形身材：蘋果或梨型身材	沙漏型身材	量尺型身材
腰圍和髖較寬	胸部與髖部同寬，腰部較細	細瘦的腰部和髖部，胸部較小
骨架較大	四肢比例勻稱，身材比例好	骨架勻稱，細瘦、直線狀外觀
四肢較短	挺立的身材	上半身矮短、四肢較長
手掌相對較小	增重或減重所付出的努力相對合理	駝肩
腰部較高	運動型人格	增重困難
腸胃系統過度活躍		減重相對輕鬆
容易增胖		智慧型性格
減重困難		
情緒型人格		

用另外一隻手的中指和拇指，圈住另一隻手的手腕。

中指和拇指無法碰到	中指和拇指剛好碰到	中指和拇指能疊在一起

測量結果：屬於哪一種體型【 .... 】

靜息心率測試

輕鬆坐著，從零開始，在手腕和頸部完整測試長達一分鐘的心跳。

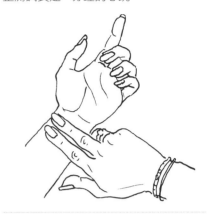

測量結果：心跳數 / 每分鐘
【 .... 】

柔軟度測試：坐姿體前彎

本測試會讓受試者坐著，並記錄在測試板上往前伸的程度。妳可以在地板上貼上以公分為單位的量尺作為測試板。測試的時候，保持端坐姿態，兩腿伸直與肩同寬腳尖朝上。將 26 公分的標記切齊腳底。兩手指間重疊，於吐氣的同時將身體前彎，把手臂和手指往前平伸，並停留在最遠端約三秒。記下最遠端在第幾公分的位置。取三次測驗平均作為測驗成績。

測量結果：【 .... 】公分

肌耐力測試：改良式伏地挺身

本測試會請受試者以穩定的節奏，盡可能地做改良式伏地挺身。注意：身體向上的時候，手臂應完全伸直；往下的時候，胸口應離地約五公分左右。時間不限，直到受試者無法維持正確姿勢、速度，或因任何理由無法繼續為止。這項測試也能大概了解姿勢肌的肌耐力。如果妳無法以標準姿勢（也就是肩膀、腰部、膝蓋呈一直線）進行測試，意味著妳的姿勢肌力不足。妳可以用改良式的伏地挺身來計算結果，髖部不需要跟著上半身往下，但這樣可能會過度高估妳的實際肌力。

測量結果：【 .... 】下

有氧測試：三分鐘登階測試

這是體適能測試中最普遍的測試之一。這項測試主要測驗心血管的恢復能力，這項能力又與有氧體適能和復原能力有線性關係。恢復的速度越快，有氧體適能越好。妳需要一個健身踏板（或是 30.5 公分高的箱子），寬度要足夠讓雙腳站上去的程度、一個計時器、一台速度設定在每分鐘 96 下的節拍器。以這樣的頻率上下階梯，持續三分鐘（大約每分鐘 24 個循環）。三分鐘結束後，立刻坐在箱子上，參照上圖的方式記錄運動後的脈搏。妳必須在完成動作後五秒內，開始計算脈搏。

測量結果：【 .... 】

坐姿體前彎

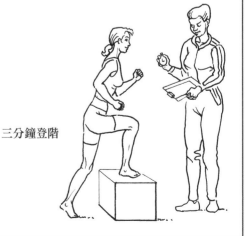

三分鐘登階

第三步：記錄測驗分數並分析結果

運用下列的表格一、二、三，找到同年齡層的成績排行。將對比的結果，記錄在第 20 頁的表格四。接下來，將根據對比的結果，找到適合妳的運動計劃。運用表格四中的原則，選擇一個最符合需求的健身計劃。

請注意，書中所提到的測試資料都與受測族群特性相關，所謂的正常值，也會受到受測族群的特性影響。關於 BMI 值的估算，也會有大約 5% 的誤差。

表格一：依據 BMI 值分級並估算身體組成（體脂肪含量）

先試著在表格中查到妳的 BMI 落點。左側是妳的類型，右側是該 BMI 值的健康風險。比對妳的年齡與 BMI 值，可以找到預估的身體組成（體脂肪）。將結果記錄下來，並填進表格四。請注意，這個指標有其限制，結果僅能粗略地評估肥胖情形。對於過重、過瘦或是腹部型肥胖的人來說，此指標可能並不準確。妳可以尋求健身房或健身中心的協助，用皮脂厚測量法來了解身體組成。這項測試會用特殊的尺，量測身體各部位，並用公式計算體脂肪對應年紀的關係。

表格二：計算預估的身體組成、坐姿體前彎和伏地挺身的成績，排名並分類

找到表格中你的年齡區間，分別在每個測試中找到自己的分數，對照表格左側，找到對應的等級和分類。記下結果並登錄在表格四。

表格一					
分類	BMI	健康風險	20-39 歲	40-59 歲	60-79 歲
過輕	＜ 18.5	增加	＜ 21%	＜ 23%	＜ 24%
一般	18.5：24.9	一般	21%：32%	23%：33%	24%：35%
過重	25：29.9	增加	33%：38%	34%：39%	36%：41%
肥胖：等級一	30：34.9	高	≧ 39%	≧ 40%	≧ 42%
等級二	35：39.9	高	≧ 39%	≧ 40%	≧ 42%
等級三	≧ 40	高	≧ 39%	≧ 40%	≧ 42%

改良自專業論壇：〈針對成人過重與肥胖，如何辨識、評估與治療的臨床指引〉，Arch Intern Med, 1998, 158: 1855–1867. Gallagher D., Heymsfield, S.B., Heo M., et al. 及〈以 BMI 量測健康人士的體脂肪的指引〉，Am J Clin Nutr, 2000, 72: 694–701。

表格二（20-49 歲）		20：29 歲			30：39 歲			40：49 歲		
分類	等級	身體組成（%）	坐姿體前彎（公分）	改良式伏地挺身	身體組成（%）	坐姿體前彎（公分）	改良式伏地挺身	身體組成（%）	坐姿體前彎（公分）	改良式伏地挺身
遠高平均	90% 以上	≦ 14.9	≧ 43	≧ 32	≦ 15.5	≧ 42	≧ 31	≦ 18.5	≧ 40	≧ 28
高於平均	70-89%	19-15	38-42	22-31	20-15.6	37-41	21-30	23.5-18.6	35-39	18-27
平均	50-69%	22.1-19.1	34-37	16-21	23.1-20.1	33-36	14-20	26.4-23.6	31-34	12-17
低於平均	30-49%	25.4-22.2	29-33	11-15	27-23.2	28-32	10-13	30.1-26.5	26-30	7-11
遠低平均	10-29%	32.1-25.5	22-28	5-10	32.8-27.1	21-27	4-9	35-30.2	19-25	2-5

表格二（50：69歲）

分類	等級	50：59歲			60：69歲			
		身體組成（%）	坐姿體前彎（公分）	改良式伏地挺身	身體組成（%）	坐姿體前彎（公分）	改良式伏地挺身	
遠高平均	90%以上	≤ 21.6	≥ 40	≥ 28	≤ 21.1	≥ 37	≥ 25	節錄自《身體組成的資料》，古柏有氧研究中心（1994）。
高於平均	70-89%	26.6-21.7	35-39	13-22	27.5-21.2	31-36	12-24	《加拿大體適能標準化測試手冊：伏地挺身與仰臥起坐》第三版（1981）。
平均	50-69%	30.1-26.7	30-34	9-12	30.9-27.6	28-30	6-11	
低於平均	30-49%	33.5-30.2	26-29	3-8	34.3-31	24-27	2-5	
遠低平均	10-29%	37.9-33.6	19-25	-	39.3-34.5	18-23	-	

表格三：對靜息心率和登階測試的結果進行評分、排名與分類

找到你的年齡區間，分別在每個測試中找到自己的分數，對照表格左側，找到對應的等級和分類，記下結果並登錄在表格四。

表格三（18-45歲）

分類	等級	18-25歲		26-35歲		36-45歲	
		靜息心率	登階測試	靜息心率	登階測試	靜息心率	登階測試
遠高平均	90%以上	≤ 60	≤ 83	≤ 59	≤ 86	≤ 59	≤ 87
高於平均	70-89%	66-59	100-84	66-60	103-87	66-60	104-88
平均	50-69%	72-66	112-101	70-67	116-104	71-67	114-105
低於平均	30-49%	78-73	124-113	76-71	127-117	78-72	127-115
遠低平均	10-29%	86-79	142-125	84-77	141-128	84-77	143-128

表格三（46-65歲）

分類	等級	46：55歲		56：65歲		65歲以上	
		靜息心率	登階測試	靜息心率	登階測試	靜息心率	登階測試
遠高平均	90%以上	≤ 60	≤ 93	≤ 59	≤ 92	≤ 59	≤ 86
高於平均	70-89%	66-61	106-94	67-60	106-93	66-60	104-87
平均	50-69%	72-67	118-107	72-68	116-107	71-67	120-105
低於平均	30-49%	77-73	126-119	77-73	127-117	76-72	127-121
遠低平均	10-29%	85-78	138-127	85-78	142-128	88-77	135-128

節錄自《心率與登階測試：體適能的不同方法》，Golding, L.A. 博士、Myers, C.A. 博士與 Sinning, W.E. 博士，第二版。

表格四							
體適能項目	測試	結果 / 分數		等級		類別	
		評估日 …………	再評估日 …………	評估日 …………	再評估日 …………	評估日 …………	再評估日 …………
體型	視覺評估身材體型	一直都是： 型					
身體組成	BMI ／用 BMI 預估脂肪比例						
柔軟度	坐姿體前彎						
肌耐力	改良式伏地挺身						
靜息心率	一分鐘靜息心率						
有氧體適能	登階測試後，一分鐘恢復心率						

表格四：記錄評估結果

善用前面幾頁表格中的資訊，填入表格四。填入「評估日」的日期後，將三個月後的日子填入「再評估日」的空格裡。你也可以比較體重和其他身體指標的變化。

第四步：選擇運動計劃

當你完成測試後，運用右側的表格選擇適合的運動計劃。在該計劃中，選擇適合自己體型的部分。之後，妳可以運用下一次的體適能測試結果，選擇新的運動計劃。

選擇正確的運動計劃

如果妳的結果：

多數成績（肌耐力、身體組成和有氧運動中有兩項以上）「遠低平均」或「低於平均」，或是健身房的初學者。

適合妳的選擇是：

第一類運動計劃。適合初階到中階程度的人。

如果妳的結果：

多數成績（肌耐力、身體組成和有氧運動中有兩項以上）「低於平均」，或是健身房的初學者。

適合妳的選擇是：

如果妳的有氧分數或身體組成較低，適合第一類運動計劃的新手階段過渡到第二類運動計劃。
如果妳的肌力分數較低，適合第三類運動計劃。

如果妳的結果：

多數成績落在「平均」或之上，有氧體適能或身體組成分數較低，但並非健身房的新手。

適合妳的選擇是：

第二類運動計劃。妳可以利用下一次體適能測試結果，決定新的運動計劃。這個運動計劃主要是用來幫助妳減重和提升有氧體適能。

如果妳的結果：

多數成績落在「平均」或之上，肌耐力和身體組成分數較低，但並非健身房的新手。

適合妳的選擇是：

第三類運動計劃。妳可以利用下一次體適能測試結果，決定新的運動計劃。這個運動計劃主要是用來幫助妳提升肌力。

如果妳的結果：
多數成績落在「平均」或之上，肌耐力和柔軟度分數較低，但並非健身房的新手。

適合妳的選擇是：
第四類運動計劃。妳可以利用下一次體適能測試結果，決定新的運動計劃。這個運動計劃主要是用來幫助妳改善姿勢、增強功能肌力與柔軟度。

如果妳的結果：
多數成績落在「平均」或之上，年齡大於 55 歲，以及／或想要一個特定的居家訓練計劃。

適合妳的選擇是：
第五類運動計劃。如果你考慮加入健身房，可以利用下一次體適能測試結果，決定新的運動計劃。這個運動計劃主要是用來幫助妳改善姿勢、增強功能肌力與柔軟度。

如果妳的結果：
柔軟度的分數最低，低於「平均」或更差。

適合妳的選擇是：
考慮在妳原本的訓練計劃最後，加入特別針對伸展的計劃。從最後一章選擇 6 到 12 種伸展運動，每週各做三次，改善柔軟度。

運動計劃

　　這個章節中收錄的運動計劃是較為簡略的版本。每一項運動的細節，則收錄在本書第二部分。雖然本章節收錄了有氧運動和肌耐力運動，但伸展運動被獨立出來，只有第五類運動計劃有收錄。每一類運動計劃皆針對各種不同的體型有所微調，請以妳自己的體型進行選擇。其餘步行、步行／跑步、跑步等有氧運動都被歸類在第 28 頁的有氧運動中。

　　請注意，這些運動計劃只含括相當一般性的考量，並沒有考量所有個人化的特殊需求。如果妳需要進階訓練，建議諮詢合格的健身專家，為妳量身訂做適合的運動計劃。

　　基於基因特質與自適應的原則，一旦妳從初學階段達到進階程度，進步的幅度會變小，而且相當侷限在特定部位。超承重訓練的進步幅度也會變小。

　　妳持續進行同一個運動計劃一段時間後，會達到訓練的平原期，到時候的進步將不會像一開始一樣明顯。為了突破這個僵局，妳的運動計劃應該更為個人化，運動強度、運動類型和運動時間的變化要更大。試著每一季更換不同主題，是不錯的做法。例如冬天的時候，可以著重於打好有氧運動和肌耐力體適能的基礎。春天和夏天則重視肌力鍛鍊，和時間較短但激烈的運動，但還是應遵照運動計劃的大目標。

肌耐力訓練：
通用的指導原則

- 留給暖身運動足夠的時間，特別將待會會用到的肌肉和關節活動開來。若第一項運動是有氧運動，可以視為暖身運動。

- 運動計劃中的「最大值」，意味著在姿勢和技巧正確的前提下，盡可能地重複。

- 每一個運動計劃中都附上了關於運動強度的圖片介紹。關於訓練強度更仔細的介紹，請參考第 28 頁。

- 設定承重的時候，請設定一個能讓妳用正確姿勢，安全地重複動作，但最後兩下需要努力（但並非不可能）的重量。如果隔天妳覺得肌肉僵硬，則可試著降低訓練強度。妳會感受到訓練的效果，但這樣的效果不應該影響妳的肢體活動或帶來劇烈疼痛。學習去感受什麼是「好的疼痛」（訓練成果）、什麼是「壞的疼痛」（受傷）。後者是不容忽視的警訊。

第一類運動計劃：適用於一般情境的運動計劃／新手程度

矮胖型身材的運動計劃

適用於健身房的新手，健身房運動計劃，頻率為每週三次（不同日子），強度 4-6 分（滿分為 10），快速重複型，間隔休息時間為 30-60 秒（表格中的數字為組數 × 次數）

有氧運動：從腳踏車機、划船機、跑步機、滑步機、游泳中選擇（避免踏步機）	第 1-2 週 約 6-8 分鐘	第 3-4 週 約 8-12 分鐘	第 5-6 週 約 10-20 分鐘
1. 伏槍挺身	2 × 12	2 × 15	2 × 18
2. 夾球深蹲	1 × 15	2 × 12	2 × 15
3. 髖部外展機	1 × 15	2 × 12	2 × 15
4. 髖部內收機	1 × 15	2 × 12	2 × 15
5. 獨立式小腿上提	1 × 15	2 × 12	2 × 15
6. 雙腳橋式合併肩部屈曲	2 × 12	2 × 12	2 × 15
7. 滑輪機：前外側下拉	1 × 15	2 × 12	2 × 15
8. 站姿啞鈴側平舉	1 × 12	2 × 8	2 × 12
9. 滑輪機：三頭肌下拉	1 × 12	2 × 8	2 × 12
10. 四點著地橫向活化	1 × 12	2 × 8	2 × 12
11. 穩定腹肌的訓練計劃	1 × 最大值	2 × 最大值	3 × 最大值
12. 兩階段捲腹	1 × 最大值	2 × 最大值	3 × 最大值

健美型身材的運動計劃

適用於健身房的新手，健身房運動計劃，頻率為每週三次（不同日子），強度 4-6 分（滿分為 10），間隔休息時間為 30-60 秒（表格中的數字為組數 × 次數）

有氧運動：從腳踏車機、划船機、跑步機、滑步機、游泳中選擇（避免踏步機）	第 1-2 週 約 5-8 分鐘	第 3-4 週 約 6-10 分鐘	第 5-6 週 約 8-15 分鐘
1. 改良式伏地挺身	1 × 12	2 × 8	2 × 12
2. 夾球深蹲	1 × 12	2 × 8	2 × 12
3. 髖部外展機	1 × 12	2 × 8	2 × 12
4. 髖部內收機	1 × 12	2 × 8	2 × 12
5. 獨立式小腿上提	1 × 12	2 × 8	2 × 12
6. 雙腳橋式合併肩部屈曲	1 × 12	2 × 8	2 × 12
7. 滑輪機：前外側下拉	1 × 12	2 × 8	2 × 12
8. 站姿啞鈴側平舉	1 × 10	2 × 8	2 × 10
9. 滑輪機：三頭肌下拉	1 × 10	2 × 8	2 × 10
10. 四點著地橫向活化	1 × 10	2 × 8	2 × 10
11. 穩定腹肌的訓練計劃	1 × 最大值	2 × 最大值	3 × 最大值
12. 兩階段捲腹	1 × 最大值	2 × 最大值	3 × 最大值

高瘦型身材的運動計劃

適用於健身房的新手，健身房運動計劃，頻率為每週三次（不同日子），強度 4-6 分（滿分為 10），慢速重複型，間隔休息時間為 45-90 秒（表格中的數字為組數 × 次數）

有氧運動：從腳踏車機、划船機、跑步機、滑步機、游泳中選擇（避免踏步機）	第 1-2 週 約 6-8 分鐘	第 3-4 週 約 5-10 分鐘	第 5-6 週 約 6-12 分鐘
1. 改良式伏地挺身	2 × 6	2 × 8	3 × 6
2. （機械式）斜式推蹬	2 × 8	3 × 6	3 × 6
3. 槓鈴：獨立式芭蕾深蹲	2 × 8	2 × 8	3 × 6
4. 獨立式小腿上提	1 × 15	2 × 12	2 × 15
5. 雙腳橋式合併肩部屈曲	2 × 8	2 × 8	3 × 6
6. 滑輪機：前外側下拉	2 × 8	3 × 6	3 × 6
7. 輔助型前彎划船機	2 × 8	3 × 6	3 × 6
8. 站姿槓鈴彎舉	2 × 6	2 × 8	2 × 8
9. 站姿啞鈴側平舉	2 × 6	2 × 8	2 × 8
10. 坐姿三頭肌訓練機	2 × 6	2 × 8	2 × 8
11. 穩定腹肌的訓練計劃	1 × 最大值	2 × 最大值	3 × 最大值
12. 抗力球：斜向捲腹	1 × 最大值	2 × 最大值	3 × 最大值

第一類運動計劃：適用於一般情境的運動計劃／中階程度

矮胖型身材的運動計劃

適用於健身房的新手．健身房運動計劃．頻率為每週三次（不同日子）．強度 5-7 分（滿分為 10）．快速重複型．間隔休息時間為 15-60 秒（表格中的數字為組數 × 次數）

有氧運動：從腳踏車機、划船機、跑步機、滑步機、游泳中選擇（避免踏步機）	第 1-2 週 約 15-25 分鐘	第 3-4 週 約 20-30 分鐘	第 5-6 週 約 25-35 分鐘
1. 平板推舉機	2 × 15	2 × 18	2 × 22
2. 槓鈴反弓步	2 × 15	2 × 18	2 × 22
3. 雙腳橋式合併肩部屈曲	2 × 15	2 × 18	2 × 22
4. 抗力球：仰臥穩定舉球內收	2 × 15	2 × 18	2 × 22
5. 滑輪機：前外側下拉	2 × 15	2 × 18	2 × 22
6. 輔助型前彎划船機	2 × 15	2 × 18	2 × 22
7. 坐姿啞鈴肩推	2 × 8	2 × 12	2 × 15
8. 滑輪機：三頭肌下拉	2 × 10	2 × 12	2 × 15
9. 練力帶：穩定旋轉肌	2 × 10	2 × 12	2 × 15
10. 穩定腹肌的訓練計劃	2 × 最大值	3 × 最大值	3 × 最大值
11. 兩階段捲腹	2 × 最大值	3 × 最大值	3 × 最大值

健美型身材的運動計劃

適用於中階程度者．健身房運動計劃．頻率為每週三次（不同日子）．強度 5-7 分（滿分為 10）．間隔休息時間為 15-60 秒（表格中的數字為組數 × 次數）

有氧運動：從腳踏車機、划船機、跑步機、滑步機、游泳、踏步機中選擇	第 1-2 週 約 12-20 分鐘	第 3-4 週 約 15-25 分鐘	第 5-6 週 約 18-30 分鐘
1. 平板推舉機	2 × 15	3 × 12	3 × 15
2. （機械式）斜式推蹬	2 × 15	3 × 12	3 × 15
3. 雙腳橋式合併肩部屈曲	2 × 15	3 × 12	3 × 15
4. 滑輪機：髖部外展	2 × 15	3 × 12	3 × 15
5. 滑輪機：前側下拉	2 × 15	3 × 12	3 × 15
6. 輔助型前彎划船機	2 × 15	3 × 12	3 × 15
7. 坐姿啞鈴肩推	2 × 12	2 × 15	3 × 12
8. 站姿槓鈴彎舉	2 × 12	2 × 15	3 × 12
9. 坐姿三頭肌訓練機	2 × 12	2 × 15	3 × 12
10. 練力帶：穩定旋轉肌	2 × 12	2 × 15	3 × 12
11. 穩定腹肌的訓練計劃	2 × 最大值	3 × 最大值	3 × 最大值
12. 抗力球：穩定棒式	1 × 最大值	2 × 最大值	3 × 最大值
13. 兩階段捲腹	2 × 最大值	3 × 最大值	3 × 最大值

高瘦型身材的運動計劃

適用於健身房的新手．健身房運動計劃．頻率為每週三次（不同日子）．強度 5-7 分（滿分為 10）．慢速重複型．間隔休息時間為 45-90 秒（表格中的數字為組數 × 次數）

有氧運動：從腳踏車機、踏步機、划船機、跑步機中選擇（避免滑步機）	第 1-2 週 約 8-15 分鐘	第 3-4 週 約 10-18 分鐘	第 5-6 週 約 12-25 分鐘
1. 平板推舉機	3 × 6	3 × 8	4 × 6
2. （機械式）斜式推蹬	3 × 6	3 × 8	4 × 6
3. 髖部外展機	3 × 6	3 × 8	4 × 6
4. 引體向上輔助架	3 × 6	3 × 8	4 × 6
5. 輔助型前彎划船機	3 × 6	3 × 8	4 × 6
6. 坐姿啞鈴肩推	2 × 6	3 × 6	3 × 8
7. 站姿槓鈴彎舉	3 × 6	3 × 8	3 × 8
8. 三頭肌訓練機	3 × 6	3 × 8	3 × 8
9. 練力帶：穩定旋轉肌	2 × 8	2 × 8	2 × 8
10. 穩定腹肌的訓練計劃	3 × 最大值	3 × 最大值	4 × 最大值
11. 抗力球：斜向捲腹	3 × 最大值	3 × 最大值	4 × 最大值

第二類運動計劃：著重於減重與有氧的運動計劃

矮胖型身材的運動計劃

健身房運動計劃，頻率：有氧運動每週四次、重量訓練每週三次（不同日子），強度 4-7 分（滿分為 10），快速重複型，間隔休息時間為 15-60 秒（表格中的數字為組數 × 次數）

有氧運動：從腳踏車機、划船機、跑步機、滑步機、游泳中選擇（避免踏步機）	第 1 個月 約 8-20 分鐘	第 2 個月 約 20-40 分鐘	第 3 個月 約 30-50 分鐘
1. 平板推舉機	2 × 15	2 × 18-20	2 × 20-25
2. 槓鈴反弓步	2 × 15	2 × 18	2 × 20
3. 髖部內收機	2 × 15	2 × 18	2 × 20
4.（機械式）俯臥腿部彎舉	2 × 15	2 × 18	2 × 20
5. 滑輪機：前外側下拉	2 × 15	2 × 18	2 × 20
6. 站姿啞鈴側平舉	2 × 12	2 × 15	2 × 18-20
7. 滑輪機：三頭肌下拉	2 × 12	2 × 15	2 × 18-20
8. 穩定腹肌的訓練計劃	2 × 最大值	3 × 最大值	4 × 最大值
9. 兩階段捲腹	2 × 最大值	3 × 最大值	4 × 最大值

健美型身材的運動計劃

健身房運動計劃，頻率：有氧運動每週四次、重量訓練每週三次（不同日子），強度 4-7 分（滿分為 10），間隔休息時間為 15-60 秒（表格中的數字為組數 × 次數）

有氧運動：從腳踏車機、划船機、跑步機、滑步機、游泳、踏步機中選擇	第 1 個月 約 8-15 分鐘	第 2 個月 約 15-35 分鐘	第 3 個月 約 35-45 分鐘
1. 平板推舉機	2 × 15	2 × 18	2 × 22
2. 槓鈴：獨立式芭蕾深蹲	2 × 15	2 × 18	2 × 22
3. 槓鈴反弓步	2 × 15	2 × 18	2 × 22
4. 髖部內收機	2 × 15	2 × 18	2 × 22
5.（機械式）俯臥腿部彎舉	2 × 15	2 × 18	2 × 22
6. 滑輪機：前外側下拉	2 × 15	2 × 18	2 × 22
7.（機械式）肩部推舉	2 × 12	2 × 15	2 × 20
8. 滑輪機：三頭肌下拉	2 × 12	2 × 15	2 × 20
9. 穩定腹肌的訓練計劃	2 × 最大值	3 × 最大值	4 × 最大值
10. 兩階段捲腹	2 × 最大值	3 × 最大值	4 × 最大值

高瘦型身材的運動計劃

健身房運動計劃，頻率為每週三次（不同日子），強度 4-7 分（滿分為 10），慢速重複型，間隔休息時間為 30-60 秒（表格中的數字為組數 × 次數）

有氧運動：從腳踏車機、踏步機、划船機、跑步機中選擇（避免滑步機）	第 1 個月 約 5-15 分鐘	第 2 個月 約 15-30 分鐘	第 3 個月 約 30-40 分鐘
1. 改良式伏地挺身	2 × 12	2 × 15	3 × 12
2. 獨立式芭蕾深蹲	2 × 12	2 × 15	3 × 12
3. 健身踏板：踏步	2 × 12	2 × 15	3 × 12
4. 髖部內收機	2 × 12	2 × 15	3 × 12
5.（機械式）俯臥腿部彎舉	2 × 12	2 × 15	3 × 12
6. 滑輪機：前外側下拉	2 × 12	2 × 15	3 × 12
7. 輔助型前彎划船機	2 × 12	2 × 15	3 × 12
8. 肩部推舉機	2 × 8	2 × 12	3 × 8
9. 站姿槓鈴彎舉	2 × 8	2 × 12	3 × 8
10. 滑輪機：三頭肌下拉	2 × 8	2 × 12	3 × 8
11. 髖屈肌群訓練機	2 × 8	2 × 12	3 × 8
12. 抗力球：俯臥屈體	2 × 6	2 × 8	3 × 6

第三類運動計劃：肌力與體能訓練

矮胖型身材的運動計劃

健身房運動計劃．頻率：重量訓練每週兩次、有氧運動每週三次（不同日子）．強度 5-8 分（滿分為 10）．中度重複型．間隔休息時間為 1-2 分鐘（表格中的數字為組數 × 次數）

有氧運動：從腳踏車機、划船機、跑步機、滑步機、游泳中選擇（中度使用踏步機）	第 1 個月 約 8-15 分鐘	第 2 個月 約 12-20 分鐘	第 3 個月 約 15-30 分鐘
1. 平臥啞鈴飛鳥	2 × 15	3 × 12	3 × 15
2. 槓鈴反弓步	2 × 15	3 × 12	3 × 15
3. 獨立式側弓步	2 × 15	3 × 12	3 × 15
4. 抗力球：俯臥穩定外展	2 × 15	3 × 12	3 × 15
5. 引體向上輔助架	2 × 12	2 × 15	3 × 12
6. 坐姿滑輪划船	2 × 15	3 × 12	3 × 15
7. 坐姿啞鈴肩推	2 × 12	2 × 15	3 × 12
8. 抗力球：坐姿體前彎側舉	2 × 15	3 × 12	3 × 15
9. 抗力球：配合練力帶，坐姿肩推三頭肌伸展	2 × 12	2 × 15	3 × 12
10. 啞鈴集中彎舉	2 × 15	3 × 12	3 × 15
11. 髖屈肌群訓練機	2 × 最大值	3 × 最大值	4 × 最大值
12. 抗力球：斜向捲腹	2 × 最大值	3 × 最大值	4 × 最大值

健美型身材的運動計劃

健身房運動計劃．頻率：每週三次（不同日子）．強度 5-8 分（滿分為 10）．間隔休息時間為 1-2 分鐘（表格中的數字為組數 × 次數）

有氧運動：從腳踏車機、划船機、跑步機（傾斜式）、游泳、踏步機中選擇	第 1 個月 約 8-10 分鐘	第 2 個月 約 10-15 分鐘	第 3 個月 約 10-25 分鐘
1. 滑輪機：交叉訓練	2 × 12	3 × 8-10	3 × 12
2. 抗力球：延展脊椎	2 × 10	3 × 8	3 × 12
3. 獨立式槓鈴深蹲	2 × 12	3 × 8-10	3 × 12
4. 獨立式側弓步	2 × 12	3 × 8-10	3 × 12
5. 坐姿提小腿機	2 × 12	3 × 8-10	3 × 12
6. 引體向上輔助架	2 × 12	3 × 8-10	3 × 12
7. 坐姿滑輪划船	2 × 12	3 × 8-10	3 × 12
8. 後三角肌訓練機	2 × 10	2 × 15	3 × 10
9. 坐姿啞鈴肩推	2 × 10	2 × 15	3 × 10
10. 站姿槓鈴彎舉	2 × 10	2 × 15	3 × 10
11. 仰臥槓鈴法式彎舉	2 × 10	2 × 15	3 × 10
12. 抗力球：坐姿體前彎側舉	2 × 10	2 × 15	3 × 10
13. 反式斜向平板仰臥起坐	3 × 最大值	4 × 最大值	4 × 最大值
14. 抗力球：斜向捲腹	3 × 最大值	4 × 最大值	4 × 最大值

高瘦型身材的運動計劃

健身房運動計劃．頻率：有氧運動為每週兩次、A 日重量訓練每週兩次、B 日重量訓練每週兩次（採 A、B、休息、A、B、休息的時間表）．強度 5-8 分（滿分為 10）．慢速重複型．間隔休息時間為 1-3 分鐘（表格中的數字為組數 × 次數）

有氧運動：從腳踏車機、踏步機、划船機、斜式跑步機中選擇（避免滑步機）	第 1 個月 約 5-10 分鐘	第 2 個月 約 6-12 分鐘	第 3 個月 約 6-15 分鐘
A 日 1. 傾斜式擴胸機	2 × 8	2 × 12	3 × 8
A 日 2. 斜向啞鈴推舉	2 × 8	2 × 12	3 × 8
A 日 3. 獨立式槓鈴深蹲	2 × 8	2 × 12	3 × 8
A 日 4. 改良式屈腿硬舉	2 × 8	2 × 12	3 × 8
A 日 5. 獨立式側弓步	2 × 8	2 × 12	3 × 8
A 日 6. 坐姿提小腿機	2 × 8	2 × 12	3 × 8
A 日 7. 仰臥槓鈴法式彎舉	2 × 8	3 × 6	4 × 6
A 日 8. 三頭肌纜繩下拉	2 × 8	3 × 6	4 × 6
B 日 1. 引體向上輔助架	2 × 8	2 × 12	3 × 8
B 日 2. 坐姿滑輪划船	2 × 8	2 × 12	3 × 8
B 日 3. （機械式）肩部推舉	2 × 8	2 × 12	3 × 8
B 日 4. 後三角肌訓練機	2 × 8	3 × 6	4 × 6
B 日 5. 站姿槓鈴彎舉	2 × 8	3 × 6	4 × 6
B 日 6. 仰臥槓鈴法式彎舉	2 × 8	3 × 6	4 × 6
B 日 7. 混合式捲腹	3 × 最大值	4 × 最大值	4 × 最大值
B 日 8. 抗力球：斜向捲腹	3 × 最大值	4 × 最大值	4 × 最大值

第四類運動計劃：著重於姿勢／功能肌力與柔軟度的運動計劃

矮胖型身材的運動計劃

健身房運動計劃．頻率：有氧運動每週四次、重量訓練每週兩次（不同日子）．強度 4-7 分（滿分為 10）．間隔休息時間為 30-60 秒（表格中的數字為組數 × 次數）

有氧運動：從腳踏車機、划船機、跑步機、滑步機、游泳中選擇（避免踏步機）	第 1 個月 約 15-25 分鐘	第 2 個月 約 20-30 分鐘	第 3 個月 約 25-40 分鐘
1. 四點著地橫向活化	2 × 15	2 × 18	2 × 22
2. 穩定腹肌的訓練計劃	2 × 最大值	2 × 最大值	3 × 最大值
3. 平板：俯臥穩定肩胛骨	2 × 12-15	2 × 15	2 × 18
4. 站姿滑輪下拉	2 × 15	2 × 18	2 × 22
5. 站姿滑輪反握下拉	2 × 15	2 × 18	2 × 22
6. 改良式伏地挺身	2 × 12-15	2 × 15	2 × 18
7. 槓鈴反弓步	2 × 15	2 × 18	2 × 18
8. 雙腳橋式合併肩部屈曲	2 × 12-15	2 × 15	2 × 18
9. 抗力球：仰臥穩定舉球內收	2 × 15	2 × 18	2 × 22
10. 抗力球：站姿蹺蹺板動作	2 × 10	2 × 12	2 × 12

伸展運動：2× 每個運動 30 秒：頸部與肩部伸展、全身伸展、站姿胸部與肩部前方伸展、平躺轉動髖部、抗力球：肩膀伸展、仰臥單側膕旁肌伸展、抗力球：坐姿側邊伸展、抗力球：延展脊椎、站姿髂腰肌伸展、腓腸肌伸展

健美型身材的運動計劃

健身房運動計劃．頻率：每週三次（不同日子）．強度 4-7 分（滿分為 10）．間隔休息時間為 30-60 秒（表格中的數字為組數 × 次數）

有氧運動：從腳踏車機、划船機、跑步機、滑步機、游泳、踏步機中選擇	第 1 個月 約 8-12 分鐘	第 2 個月 約 12-15 分鐘	第 3 個月 約 10-25 分鐘
1. 抗力球：穩定棒式	2 × 20 秒	2 × 30 秒	2 × 40 秒
2. 漸進式穩定腹肌的訓練計劃	2 × 最大值	2 × 最大值	3 × 最大值
3. 平板：俯臥穩定肩胛骨	2 × 12-15	2 × 18	2 × 22
4. 站姿滑輪下拉	2 × 12-15	2 × 18	2 × 22
5. 站姿滑輪反握下拉	2 × 12-15	2 × 18	2 × 22
6. 改良式伏地挺身	2 × 12-15	2 × 18	2 × 22
7. 獨立式側弓步	2 × 12-15	2 × 18	2 × 22
8. 抗力球：仰臥穩定外展	2 × 12-15	2 × 18	2 × 22
9. 抗力球：站姿蹺蹺板動作	2 × 12-15	2 × 18	2 × 22
10. 雙腳橋式合併肩部屈曲	2 × 12-15	2 × 18	2 × 22

伸展運動：2× 每個運動 30 秒：頸部與肩部伸展、全身伸展、站姿胸部與肩部前方伸展、平躺轉動髖部、抗力球：肩膀伸展、仰臥單側膕旁肌伸展、抗力球：坐姿側邊伸展、抗力球：延展脊椎、站姿髂腰肌伸展、腓腸肌伸展

高瘦型身材的運動計劃

健身房運動計劃．頻率為每週三次（不同日子）．強度 4-7 分（滿分為 10）．慢速重複型．間隔休息時間為 1-2 分鐘（表格中的數字為組數 × 次數）

有氧運動：從腳踏車機、踏步機、划船機、跑步機中選擇（避免滑步機）	第 1 個月 約 5-10 分鐘	第 2 個月 約 6-12 分鐘	第 3 個月 約 6-15 分鐘
1. 抗力球：俯臥屈體	2 × 12	2 × 15	3 × 12
2. 穩定腹肌的訓練計劃	2 × 最大值	3 × 最大值	3 × 最大值
3. 抗力球：斜向捲腹	2 × 最大值	3 × 最大值	3 × 最大值
4. 引體向上輔助架	2 × 12	2 × 15	3 × 12
5. 平板：俯臥穩定肩胛骨	2 × 12	2 × 15	3 × 12
6. 站姿滑輪下拉	2 × 12	2 × 15	3 × 12
7. 站姿滑輪反握下拉	2 × 12	2 × 15	3 × 12
8. 改良式伏地挺身	2 × 12	2 × 15	3 × 12
9. 獨立式側弓步	2 × 12	2 × 15	3 × 12
10. 改良式槓鈴屈腿硬舉	2 × 12	2 × 15	3 × 12
11. 抗力球：仰臥穩定外展	2 × 12	2 × 15	3 × 12

伸展運動：2× 每個運動 30 秒：頸部與肩部伸展、全身伸展、站姿胸部與肩部前方伸展、平躺轉動髖部、抗力球：肩膀伸展、仰臥單側膕旁肌伸展、抗力球：坐姿側邊伸展、抗力球：延展脊椎、站姿髂腰肌伸展、腓腸肌伸展

第五類運動計劃： 居家運動計劃／老年人

矮胖型身材的運動計劃

居家型／居家型健身房運動計劃·頻率：有氧運動每週四次、重量訓練每週三次（不同日子）·強度 4-6 分（滿分為 10）·間隔休息時間為 30-60 秒（表格中的數字為組數 × 次數）

有氧運動：從腳踏車機、划船機、跑步機、滑步機、游泳、戶外散步中選擇（避免踏步機）	第 1 個月 約 5-20 分鐘	第 2 個月 約 15-30 分鐘	第 3 個月 約 30-45 分鐘
1. 抗力球：扶牆挺身	2 × 8	2 × 12	2 × 15
2. 夾球深蹲	2 × 8	2 × 12	2 × 15
3. 俯臥髖部伸展	2 × 8	2 × 12	2 × 15
4. 抗力球：手臂與腿部交替舉球	2 × 6 每一面	2 × 8 每一面	2 × 10 每一面
5. 雙腳橋式合併肩部屈曲	2 × 8	2 × 12	2 × 15
6. 獨立式小腿上提	2 × 8	2 × 12	2 × 15
7. 站姿啞鈴側平舉	2 × 6	2 × 10	2 × 12
8. 啞鈴：俯身划船	2 × 6	2 × 10	2 × 12
9. 坐姿啞鈴肩推	2 × 6	2 × 10	2 × 12
10. 兩階段捲腹	2 × 最大值	2 × 最大值	2 × 最大值
11. 穩定腹肌的訓練計劃	1 × 最大值	2 × 最大值	3 × 最大值
12. 抗力球：斜向捲腹	1 × 最大值	2 × 最大值	2 × 最大值

健美型身材的運動計劃

健身房運動計劃·頻率：有氧運動每週四次、重量訓練每週三次（不同日子）·強度 4-7 分（滿分為 10）·間隔休息時間為 30-60 秒（表格中的數字為組數 × 次數）

有氧運動：從腳踏車機、划船機、跑步機、滑步機、游泳、踏步機、戶外散步／慢跑中選擇	第 1 個月 約 8-20 分鐘	第 2 個月 約 12-25 分鐘	第 3 個月 約 15-35 分鐘
1. 抗力球：穩定棒式	2 × 10	2 × 12	3 × 10
2. 漸進式穩定腹肌的訓練計劃	2 × 10	2 × 12	3 × 10
3. 平板：俯臥穩定肩胛骨	2 × 10	2 × 12	3 × 10
4. 站姿滑輪下拉	2 × 10	2 × 12	3 × 10
5. 站姿滑輪反握下拉	2 × 6 每一面	2 × 8 每一面	2 × 10 每一面
6. 改良式伏地挺身	2 × 10	2 × 12	3 × 10
7. 獨立式側弓步	2 × 8	2 × 10	2 × 12
8. 抗力球：仰臥穩定外展	2 × 8	2 × 10	2 × 12
9. 抗力球：站姿蹺蹺板動作	1 × 最大值	2 × 最大值	2 × 最大值
10. 雙腳橋式合併肩部屈曲	1 × 最大值	2 × 最大值	2 × 最大值

高瘦型身材的運動計劃

健身房運動計劃·頻率為每週三次（不同日子）·強度 4-7 分（滿分為 10）·慢速重複型·間隔休息時間為 30-60 秒（表格中的數字為組數 × 次數）

有氧運動：從腳踏車機、跑步機（避免滑步機）、戶外散步／慢跑中選擇	第 1 個月 約 8-15 分鐘	第 2 個月 約 10-18 分鐘	第 3 個月 約 12-20 分鐘
1. 改良式伏地挺身	2 × 8	2 × 10	3 × 8
2. 夾球深蹲	2 × 8	2 × 10	3 × 8
3. 健身踏板：踏步（低高度）	2 × 8	2 × 10	3 × 8
4. 獨立式側弓步	2 × 8	2 × 10	3 × 8
5. 啞鈴俯身划船	2 × 8	2 × 10	3 × 8
6. 雙腳橋式合併肩部屈曲	2 × 8	2 × 10	3 × 8
7. 抗力球：手臂與腿部交替舉球	2 × 6 每一面	2 × 8 每一面	3 × 6 每一面
8. 坐姿啞鈴肩推	2 × 6	2 × 10	2 × 12
9. 抗力球：斜向捲腹	2 × 最大值	2 × 最大值	3 × 最大值
10. 兩階段捲腹	2 × 最大值	2 × 最大值	2 × 最大值
11. 穩定腹肌的訓練計劃	2 × 最大值	2 × 最大值	3 × 最大值

有氧運動

「心血管運動」或「有氧運動」指的是時間較長、活動一系列肌肉和相關系統後，能夠將心率拉高到一定程度的運動。例如散步、跑步、騎腳踏車、游泳和滑雪都算。「有氧」意味著「增加氧氣吸收量」，而氧氣的角色是促進碳水化合物或脂肪氧化（燃燒），產生三磷酸腺苷。三磷酸腺苷是能量的基本單位，是提供細胞作用和活動的分子。有氧運動的好處在於提升心肺功能、降低血壓、促進代謝、提升免疫力。降低壓力與緊張感、增加自信和維持良好體態。這一類型的運動是健康體適能計劃中，最重要的元素之一。應用下列基本原則和觀念，就能選擇適合自己的程度的有氧運動，讓運動盡可能地兼具安全、有效與成就感。

運動頻率

運動頻率是以每週幾次有氧運動來計算。為了增強心血管體適能，美國運動醫學會建議，多數的運動計劃應規劃每週三到五天的有氧運動。對於新手或較肥胖的人來說，剛開始的時候建議先從每週三次開始，運動日的間隔不要超過兩天以上。例如安排星期一、星期三、星期五做有氧運動。隨著時間，再慢慢增加到每週五天。

當妳的體適能增強、運動強度也提升後，運動的頻率會與運動強度相關。相對於較容易、強度低的運動，較難的運動需要更多時間休息；對未受訓練的人來說，高衝擊運動比低衝擊運動需要更多緩和時間。一旦妳進步到更進階的程度，建議可以加入一些難度較高但時間較短，或是難度適中但時間較長的運動。必要的時候，可將高衝擊運動換成低衝擊運動。

運動強度

初學者最常問到：「我應該選擇哪種難度的運動？」或是「我要選擇哪一個程度的運動計劃，才能達到最佳訓練效率？」這裡將介紹一些評估方式，可以解決這些訓練的需求。

博格運動自覺量表（Borg CR10 scale）
• 0 休息
• 1 非常簡單
• 2 簡單
• 3 適中
• 4 有點難
• 5 難
• 6
• 7 非常難
• 8
• 9 非常、非常難
• 10 極限（最大值）

最簡單的方式就是使用運動自覺量表（RPE），妳可以用這個量表對應所承受的程度，用量化的方式表現。很多健身房都會用十等分法或是 6-20 的分法。在原始的博格運動自覺量表（6-20）中，最佳運動負荷量大約是 12-16 分左右。新版本的博格運動自覺量表（CR10），則以 4-6 分為最佳運動量。

另一個有效且簡單的方式是「說話測試」。就如名字所示，適合的運動強度是妳在進行有氧運動，全身發熱、流汗的同時，還能夠清楚說話，不至於太喘才對。

另外一種定義運動強度更為科學化且精準的方式，是將心率作為運動強度的指標。人體的耗氧量、心跳數與有氧運動時維持在特定心率對身體的好處這三個指標，有某種程度的關連。實證發現，心跳數維持在某特定區間，對心血管的好處會最大化。心跳數過低，效益不夠；心跳過高，會過度疲勞且過度訓練，降低有氧運動的效益。

目前有許多不同的公式，試著計算出運動時的最佳心率。最大心率（MXR）或訓練心率（THR）是最常見的方式。首先，要先找出妳的預測最大心率（PMHR）。以女性來說，預測最大心率為 226 減去

年齡，然後用預測最大心率的 60%-90% 間，找出妳的訓練心率。體能較差或時間較長的運動，則以預測最大心率的 75%-90% 間，找出訓練心率。

最大心率的計算公式會較為保守。體能狀況非常好的人在有氧運動時，每分鐘的心率可以增加 10：12 下。此時，妳可以運用卡蒙那公式（Karvonen formula）。雖然這個方法不如上述方式常見，但這個計算方法，對於特定運動負荷量下，氧氣消耗的修正較為準確。在這個方法中，先用預測最大心率減去靜息心率，訓練心率區間則介於該數字的 60%-90% 之間，最後再加回靜息心率，求得真正的訓練心率。

請找一位教練，指導妳計算運動時的心率。一開始要先找到脈搏的位置（頸部或腕部），然後學會怎麼數心率，並將這項作業加入運動計劃。如今健身房中也有很多新型有氧運動機，內建心率偵測器。個人化的心率偵測器，現在也已經相當平價且方便使用。

美國運動醫學會建議，運動時的心跳應該維持在最大心率的 60%-90% 之間，或是卡蒙那公式的 50%-80%，才能達到心血管運動的效益。對於心血管體適能較差的族群，目標應該降到 50%-60% 的最大心率。對於體能極差的人來說，只要達到 40%-50% 的最大心率即可。

注意：如果你正在服用會影響靜息心率或運動心率的藥物，例如某些高血壓藥或心臟病藥物，請事前諮詢醫師以符合妳的需求。

有氧運動的種類

妳選擇的有氧運動通常會與周邊環境所能提供的設施、妳的體能狀況、喜好和對戶外運動的經驗與自信程度有關。有些有氧運動像是散步、跑步或騎腳踏車，最好能在通風且開闊的室外環境進行（第一類）。有些運動例如游泳、有氧運動或網球，則有一定的複雜度，需要更高的技巧（第二類）。第三類的運動則結合了一些活動，例如籃球或越野腳踏車，強度可能不太一樣，需要較

高的肌力與柔軟度（第三類）。

如果你是初學者或是體能狀況較差的人，最好先從第一類的運動開始。如果妳年輕、體能也不錯，希望能有更多變化或想嘗試不同訓練，可以選擇挑戰第二類或第三類的運動。

承重運動，即身體需要對抗體重帶來的重量；非承重運動則是身體對抗重力的程度較輕鬆之運動（例如游泳）。高衝擊或低衝擊運動指的是特定運動，對關節或骨骼系統的衝擊。最簡單的例子是走路（低衝擊）和跑步（高衝擊）的差異。高衝擊運動較容易受傷，所以妳的運動計劃必須更加謹慎。運動類型的差異，決定了這項運動適不適合妳。如果你能承受膝蓋的傷害，那高衝擊度的跑步會是很好的選擇；但如果妳的體能很差或者妳是初學者，那麼選擇無衝擊、低衝擊或非承重運動，可以降低受傷的機率，同時維持一定的訓練強度，直到妳的身體強壯到能夠承受衝擊。

運動的持續時間

最後，美國運動醫學會建議扣掉暖身和緩和運動的時間後，有氧運動一次應該持續 20-60 分鐘為佳。體能不夠好的人可以從一次 5 分鐘開始，慢慢增加到 20 分鐘。體能非常差，甚至連 5 分鐘都無法堅持的人，可以從每次 5-10 分鐘開始，並試著重複數次。中等體能的女性，單節有氧運動應可持續 15-45 分鐘；體能更好的人，要能持續 30-60 分鐘。一般來說，隨著身體慢慢適應，兼顧安全和有效強度的同時，運動的持續時間會漸漸拉長。如果能針對每次做的特定運動，調整暖身及緩和運動，保護效果會更好，例如：如果妳選擇跑步，建議搭配步行和慢跑，作為暖身或緩和。

相關動作

走路

全身型運動・複合運動 / 多關節運動・
閉鎖鏈運動・承重運動・低衝擊度・
持續型・低階技術等級・初階到進階程度

走路可能是最常使用、低度運動傷害，卻對體適能和健康有極大幫助的有氧運動。走路的時候會用到全身將近 200 條左右的肌肉。雖然這是簡單的入門級運動，但也可以隨著妳持續進步，而有許多變化。走路最適合體能狀況不佳、久坐、過重、年紀較長或無法從事高衝擊運動的人。走路相對跑步的強度較低，衝擊度也低，因此比較不會有運動傷害。

動作分析：針對下半身

走路大致分為擺動期和站立期，站立期又能再分為腳跟著地、站立中期和腳尖離地三個階段。一般正常走路的模式，擺動期的足底會完全離地，移動到下一個著地點，大腿在髖部微微外旋。進入站立期後，腳跟會先著地並微微向後旋。站立中期時，身體往前進，腿部則向後移動。此時足部完全著地，腳跟略為旋轉，進入站立期的最後一個階段：腳尖離地，踝部微外旋，接著進入擺動期和下一個循環。站立期期間，大腿在髖部保持微微地內旋。

大腿於站立期向後提供身體向前的動力，並增加另一隻腳的動量向前甩。腿部向前，股四頭肌進入離心收縮期（如果有承重，時間會更縮短）；膕旁肌和小腿肌則在腿部收回的時候進入離心收縮期。當大腿向前進時，膕旁肌和小腿肌會被動配合。當腿部收回來時，則是髂腰肌和股四頭肌被動配合。內收肌、髖關節深外側旋轉肌群和膕肌負責髖部或膝部屈曲與伸展，負責走路時膝部和髖部的細微動作。

踝關節的動作是三道一系列微妙的動作，此處做了某種程度的簡化，以利理解。因為簡化的緣故，髖部旋轉肌群和踝部外旋與內旋的肌肉，暫時不在下一頁呈現。

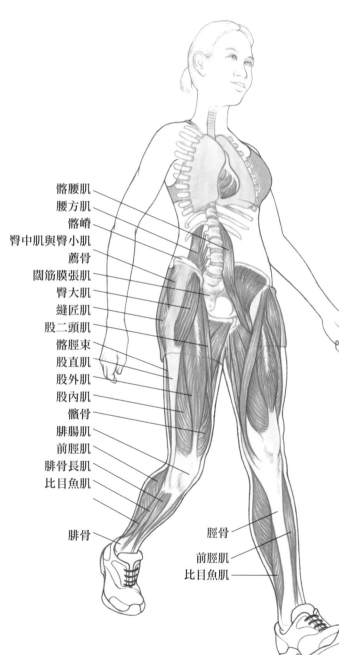

髂腰肌
腰方肌
髂嵴
臀中肌與臀小肌
薦骨
闊筋膜張肌
臀大肌
縫匠肌
股二頭肌
髂脛束
股直肌
股外肌
股內肌
髕骨
腓腸肌
前脛肌
腓骨長肌
比目魚肌

腓骨

脛骨
前脛肌
比目魚肌

運動分析	關節一	關節二	關節三
主要關節	髖關節	膝關節	踝關節
關節運動	擺動期（腿部向前）： 屈曲 站立期（腿部向後）： 伸展	擺動期（腿部向前）： 伸展 站立期（腿部向後）： 屈曲	擺動期（腿部向前）： 背屈 站立期（腿部向後）： 蹠屈
主要運動肌	擺動期： 　髂腰肌 　股直肌中的 　股四頭肌 　恥骨肌 　縫匠肌 站立期： 　臀大肌 　膕旁肌群 　髖關節深外側旋轉肌群	擺動期： 　股四頭肌群 站立期： 　膕旁肌群 　膕肌 　腓腸肌 　股薄肌 　縫匠肌	擺動期： 　前脛肌 　伸趾長肌 　伸足拇長肌 站立期： 　腓腸肌 　縫匠肌 　伸趾長肌 　伸足拇長肌 　腓骨短肌 　腓骨長肌 　蹠肌 　後脛肌

主要穩定肌

身體的腹肌、豎脊肌和腰方肌
髖部的臀中肌和臀小肌、髖關節深外側旋轉肌群和以及收肌群
腳踝穩定肌和小腿的腓腸肌

此運動如何進階

延長走路時間、加快走路的速度、增加走路頻率、走上坡路

範本：走路的運動計劃

	第一週	第二週	第三週	第四週	第五週	第六週	第七週	第八週	第九週	第十週
初學	適合習慣散步的人尋求挑戰，或是從未奔跑過，但沒有禁忌症的人									
頻率	2–3	2–3	3	3	3–4	3–4	4	4	4	4
時間	10	12	15	18	20	22	25	30	32	35
中階	適合有運動習慣，適度勞動或是覺得初學運動計劃太容易的人									
頻率	3	3	3	3–4	4	4	4–5	4–5	4–5	4–5
時間	20	22	25	30	32	35	38	40	42	45
進階	適合經常走路、體能不錯的人，漸進式地每週挑選兩天走上坡路段									
頻率	4	4	4–5	4–5	4–6	4–6	4–6	4–6	4–6	4–6
時間	30	35	35	40	30–40	30–45	35–45	35–50		

小訣竅：走路運動計劃

　　如果妳是初學者，根據妳的年齡、體重和體能程度剛開始走路運動，那每週走兩到三次，每次十分鐘以下即可。盡量維持輕快、穩定的步伐。妳可以運用運動自覺量表或說話測試來控制和設定運動強度，或參考第 29 頁測量心率。一開始請穿著適合的鞋子走在平地上。隨著訓練增強，漸漸增加時間長度和頻率，慢慢加入一些上坡路段或是沒有鋪設馬路的路段，也可以試著改變步伐和距離。如果天氣不好或時間不允許，妳可以考慮用跑步機，但盡可能到外頭走走為佳。

慢跑與跑步

全身型運動・複合運動／多關節運動・
開鎖鏈運動・承重運動・高衝擊度・
持續型・低階技術等級・初階到進階程度

> 1972 年的慕尼黑奧運上，美國選手法蘭克・修特贏得馬拉松比賽，就此燃起了美國大眾對於跑步的關注，一般人開始把跑步視為一種運動和體育賽事。雖然現在跑步已經不再像八〇年代那樣熱門，但跑步還是一項非常普遍、重要且跨領域的健身項目。

動作分析：針對下半身

從動作分析的角度看來，走路和跑步幾乎是一樣的。主要的差別在於跑步時，某個介於站立期和擺動期的瞬間，雙腳會同時離地。

跑步受傷的風險

雖然跑步每分鐘燃燒的卡路里比走路多，但跑步也是有氧運動中最具危險的項目。跑步需要持續的訓練以及適當的休息計劃。

- 跑步是高衝擊運動，跑步時貫穿關節的力量，是走路時的五到十倍之高，因此有高度受傷的可能。跑步時所需要的肌肉穩定性相對較高。這兩點導致跑步會增加膝蓋和下背部受傷的風險。站立期腳尖離地時，若腳踝保持內旋，就會發生跑步最常見的運動傷害。姿勢不良或是基因則容易導至髖部外旋。

- 由於女性的骨盆較寬，跑步的運動風險大於男性。這表示股骨和膝關節的角度較陡，傳遞到膝關節上的衝擊力更強，使女性的膝關節內側和髕骨下方更容易受傷。

- 如果妳的體重過重、體能過差、長時間久坐、年紀較大或是有膝關節或背部症狀，風險也會較高。

動作分析	關節一	關節二	關節三	主要穩定肌
主要關節	髖關節	膝關節	踝關節	身體的腹肌、豎脊肌和腰方肌 髖部的臀中肌和臀小肌、髖關節深外側旋轉肌群以及內收肌群 腳踝穩定肌和小腿的腓腸肌
關節運動	擺動期（腿部向前）： 屈曲 站立期（腿部向後）： 伸展	擺動期（腿部向前）： 伸展 站立期（腿部向後）： 屈曲	擺動期（腿部向前）： 背屈 站立期（腿部向後）： 蹠屈	
主要運動肌	擺動期： 髂腰肌 股直肌中的 股四頭肌 恥骨肌 縫匠肌 站立期： 臀大肌 膕旁肌群 髖關節深外側旋轉肌群	擺動期： 股四頭肌群 站立期： 膕旁肌群 膕肌 腓腸肌 股薄肌 縫匠肌	擺動期： 前脛肌 伸趾長肌 伸足拇長肌 站立期： 腓腸肌 縫匠肌 伸趾長肌 伸足拇長肌 腓骨短肌 腓骨長肌 蹠肌 後脛肌	**此運動如何進階** 延長跑步時間、加快跑步的速度、增加跑步頻率、跑上坡路

範本：跑步 / 走路的運動計劃

初學	適合已經習慣走路但想要增加挑戰性，或是從來沒有跑步過，醫療上沒有禁忌的人									
	第一週	第二週	第三週	第四週	第五週	第六週	第七週	第八週	第九週	第十週
頻率	3	3	3	3	3	3	3	3	3	3
跑步 / 走路間隔時間	30 秒 /90 秒	60 秒 /90 秒	90 秒 /90 秒	1 分鐘 /1 分鐘	2 分鐘 /1 分鐘	4 分鐘 /1 分鐘	6 分鐘 /1 分鐘	8 分鐘 /1 分鐘	10 分鐘 /1 分鐘	12 分鐘 /1 分鐘
總時間	25	25	25	25	25	25	25	25		

小訣竅：跑步 / 走路運動計劃

如果妳的體能還不夠好、過胖或是已經有一段時間沒有跑步，請先從純走路或是走路 / 跑步交替的運動計劃開始，而不要一開始就直接跑步，這能夠降低壓力性骨折的風險。頻率每週三次，至少先持續四週，最多持續十週。利用表格中的間隔時間，慢慢調整慢跑和走路的比例，延長跑步時間，縮短走路時間。請以輕快的步伐走路，並選擇適合的運動鞋。慢跑指的是相對快跑而言速度較慢、較輕鬆的步伐。慢跑強調的是距離，而快跑強調的是速度。

範本：跑步運動計劃：10 公里路跑

中階到進階	適合任何想要跑步且醫療上沒有禁忌的人。這個計劃假定你能夠以六分鐘跑完一公里的速度慢跑									
	第一週	第二週	第三週	第四週	第五週	第六週	第七週	第八週	第九週	第十週
週一	10 W/J	10 W/J	10 J	12 J	15 J	18 J	20 J	20 J	20 J	20 J
週二	休息	休息	休息	休息	休息	休息	休息	休息	休息	休息
週三	10 J	12 J	15 J	18 J	22 J	26 J	32 J	38 J	42 J	35 J
週四	休息	休息	休息	休息	休息	休息	休息	休息	休息	休息
週五	15 W/J	20 W/J	10 J	12 J	15 J	18 J	22 J	25 J	25 J	20 J
週六	休息	休息	休息	休息	休息	休息	休息	休息	休息	休息
週日	20 J	25 J	30 J	30 J	35 J	40 J	45 J	50 J	55 J	60 J

符號解釋：J：慢跑，W/J：走路與慢跑交替，數字單位為分鐘。

小訣竅：跑步運動計劃

如果妳長時間久坐或是過重，那麼需要持續訓練才能跑步。一開始應該著重於提升距離，而非提升速度。要跑 10 公里（ 7 英里）以下的距離，每週至少要訓練三次。如果是半馬（21.1 公里 / 14 英里），那每週應該至少訓練四次，最好是五次。每週長跑一次，通常會設定在週末。每週也要試著以進行一次爬坡或間隔訓練為目標。安排一到兩週的訓練減量期，比賽的距離越長，訓練越艱難，減量期就越長。一開始為了累積訓練強度，可安排 5 公里、10 公里、15 公里跑步作為半馬訓練的一環。這些訓練都強調跑步時越舒服越好，不要試著競速。建議妳在習慣跑同一個距離好幾次後，再開始提升個人最佳成績。如果你希望繼續往全馬邁進，請先試著跑完三到四次半馬。從半馬提升到全馬，對身體來說，是非常激烈的過程。

有氧運動

全身型運動‧複合運動/多關節運動‧根據不同課程而有多種變化，請依自己的喜好與程度來選擇‧單一或多元類型‧低到高技術等級‧初階到進階程度

運動生理學家肯尼斯‧古柏被視為有氧韻律動作的先驅，他開發了這種運動形式並加以命名。他於 1970 年的著作《新型有氧運動》中提到了有氧韻律的好處。這本書同時也收集了針對跑步、步行、游泳和騎腳踏車等科學化的運動計劃。

有氧韻律在 1980 到 1990 年代一度非常流行。珍‧芳達在 1982 年拍了她的第一支影片《跟珍芳達做健身操》。這支錄影帶，當時賣了一千七百萬張，超越史上所有家庭錄影帶節目。琴‧米勒在 1989 年發明了登階有氧韻律，用一張運動踏板創造了截然不同的有氧運動，也讓原來「一般的」有氧運動，有了更多變化。

雖然有氧韻律在 1980 年代晚期就已經失去熱潮，但現在的有氧韻律更多元，且更為個人化。有各種不同的課程提供完整的訓練，這些訓練多半是心血管運動，例如有氧拳擊或搏擊健身操（Tae Bo、katabox）、室內飛輪等。

有氧韻律則多半是團體課程，需要大量的踏步，跟著音樂和健身教練一起做動作。現在很多的有氧韻律課已經不再像 1970 年代那樣，喊著「有付出才有收穫」、「一起燃燒吧！」這些口號。現在的有氧韻律課強調穩定核心原則、加強肌力訓練、導入各種器材的使用（例如重量訓練或是抗力球）。

如果你是初學者或體能狀況不太好的人，請從初階或低衝擊度的課程開始，至少用幾個月的時間，再漸漸進步到更為進階、複雜或高衝擊度的課程。在人數比較多的團體班級上課，由於和教練的接觸較少，常常出現學生姿勢不夠正確、過度訓練或訓練不足的情形。如果你有任何身體上的狀況會影響運動進行，請務必通知課程的老師，讓他們提供妳其他更兼具安全和效果的選擇。

游泳與水中有氧

全身型運動・複合運動／多關節運動・開放
鏈運動・非承重運動・低衝擊度・持續型・
中階到進階技術等級・初階到進階程度

 世界上第一本教導人們游泳的書於 1538 年由瑞士人
尼可拉斯・溫門出版。1800 年左右，游泳競技在歐
洲興起，當時多數人用的是蛙式，一直到 1896 年，游泳
才第一次成為現代奧林匹克運動會的正式項目。

游泳的好處

由於哺乳類動物的身體平均密度和水相近，比起其
他運動，游泳帶給關節和骨頭衝擊最小，壓力也是最
少。所以游泳和水中有氧，是年長者、身心障礙者最
好的復健運動。游泳能訓練全身多數的肌肉。不過由
於自由泳或蝶式每一次的動作，都需要大量後踢和腿
部動作，腿部會極度耗氧，因而剝奪上半身的氧氣，
是美中不足的地方。

相對於飛輪或是慢跑，游泳時為俯臥狀態，且泡在
較低溫的環境，因此游泳能夠以較低的心率，達到類
似的運動效果。但比起其他運動，游泳需要比較高的
運動技巧，經驗不足的人，游泳時較容易感到疲倦。

蛙式的動力來源是腿，是常見的四種游泳姿勢中，
前進效果最為明顯的，自由式（下圖）的主要動力來
源則是手臂。仰式比蛙式用到更多背部肌肉。蝶式是
技術等級最高，最難學會的姿勢，需要強而有力的上
半身和腹肌的力量來推動身體。

關於游泳訓練的小訣竅

初學者最好從階段性訓練開始，例如每游一輪就休
息一下。剛開始先游五趟到十趟左右，然後慢慢增加
游泳的時間、減少休息時間。妳也可以試著使用浮板、
夾腳浮球、輔助　蹼等輔助器材來增加浮力，改變負
荷程度或是增強肌力的訓練。滑水的時候，盡可能維
持放鬆、穩定的節奏，並養成穩定的滑水節奏、避免
過度操練自己的身體。

水中有氧

水中的阻力比陸地上大十二倍以上，所以水中有氧是
理想的低衝擊、阻力適中，又對心血管有益的運動。在
進行水中運動前，請先找到方便、水溫和水深都適中的
場地。即便水中有氧一般是以站姿在溫水池中進行，但
對於骨關節受傷的患者（例如膝蓋受傷）而言，還是非常
好的復健運動。水中有氧能改善姿勢的穩定度（尤其是
下半身），深水的運動通常比較難做到這點。現在水中
有氧也會搭配水中啞鈴、手蹼手套、游泳發泡棒或水帶
等設備，增添更多變化或提升強度。

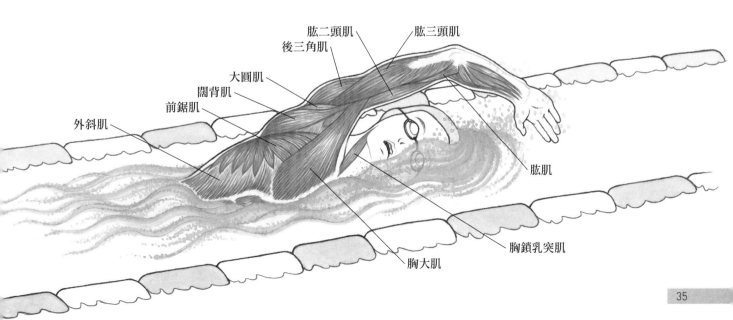

肱二頭肌
後三角肌
肱三頭肌
大圓肌
闊背肌
前鋸肌
外斜肌
肱肌
胸鎖乳突肌
胸大肌

有氧運動器材

全身型運動．多數為複合運動/多關節運動．多數為持續型．低階到中階技術等級．初階到進階程度

有氧運動器材種類繁多，例如腳踏車機、跑步機、划船機和爬階機，提供了各種多元、方便且近似戶外運動的選項。接下來我們將會分析，划船機如何讓我們的上半身和下半身達到運動效果。

使用有氧運動器材前的建議

- 保持正確的姿勢是安全使用有氧運動器材最重要的一步。第一次使用某種機器前，請務必先尋求教練的協助。

- 將有氧運動器材視為例行的進度。一旦過了初學者的階段，請適度調整妳的運動量，以縮短運動的停滯期，因為此時身體已經適應承重，運動的效果會開始下降。

- 有氧運動器材非常適合用來暖身。妳可以試著用划船機或腳踏車機來進行暖身運動。

如何正確使用划船機

用力推妳的大腿，將身體撐向後。運用腿部所產生的動量，當手部抵達膝蓋的時候，順勢彎曲手臂，把拉桿拉到自己的胸口。如此不斷重複。

開始前的姿勢與準備

- 坐在機器滑動的椅子上，調整腳上的繫帶長度後綁緊。
- 身體前彎，雙手向下握緊拉桿。

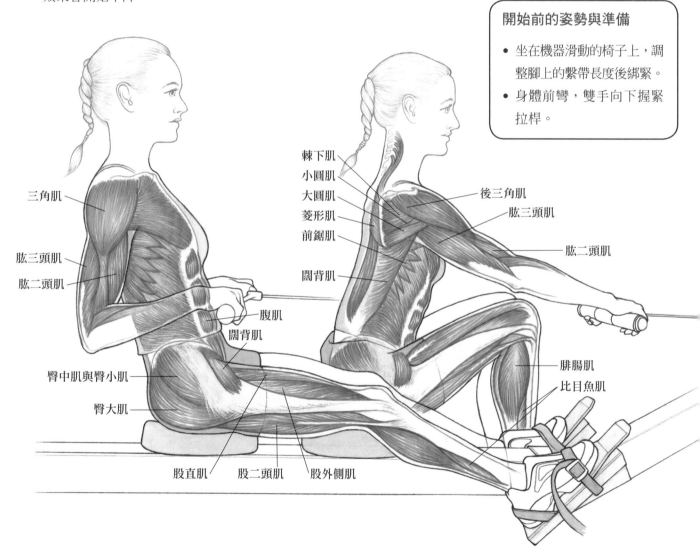

三角肌

肱三頭肌

肱二頭肌

腹肌

闊背肌

臀中肌與臀小肌

臀大肌

股直肌　　股二頭肌　　股外側肌

棘下肌

小圓肌

大圓肌

菱形肌

前鋸肌

闊背肌

後三角肌

肱三頭肌

肱二頭肌

腓腸肌

比目魚肌

小秘訣：如何維持正確姿勢

- 一開始先放慢速度、控制自己的動作，維持正確的姿勢。
- 過程中，避免駝背或是肩膀前彎。維持挺胸，並保持肩胛骨下壓。
- 避免背部中段或下背部弓起，從髖部轉動妳的下半身。保持骨盆水平，脊椎呈一直線。
- 向後的時候吸氣。

- 盡可能讓髖部移動的範圍在 20 度之間。向前的時候，骨盆離垂直線 10 度；往後時離垂直線 10 度。

主要穩定肌
髖部與腿部：膕旁肌、臀肌與內收肌群 身體：腹肌、腰方肌和豎脊肌 肩關節：旋轉肌群 肩胛骨：前鋸肌、菱形肌和三角肌下方

運動分析	關節一	關節二	關節三
主要關節	膝關節	髖關節	身體
關節運動	手臂拉 / 腿部推的階段：伸展 復原階段：屈曲	手臂拉 / 腿部推的階段：伸展 復原階段：屈曲	手臂拉 / 腿部推的階段：部分伸展 復原階段：部分屈曲
主要運動肌	手臂拉 / 腿部推的階段：股四頭肌 復原階段：膕旁肌肌群	手臂拉 / 腿部推的階段：臀大肌、膕旁肌肌群 復原階段：髂腰肌、股直肌、恥骨肌	手臂拉 / 腿部推的階段：豎脊肌 復原階段：腹肌

	關節四	關節五	關節六
主要關節	肩胛骨	肩關節	肘關節
關節運動	手臂拉 / 腿部推的階段：內收、下旋轉、下壓 復原階段：外展、上旋、上提	手臂拉 / 腿部推的階段：伸展、水平外展 復原階段：屈曲、水平內收	手臂拉 / 腿部推的階段：屈曲 復原階段：伸展
主要運動肌	手臂拉 / 腿部推的階段：斜方肌下半部、菱形肌下方 復原階段：斜方肌下半部、菱形肌上方、前鋸肌	手臂拉 / 腿部推的階段：闊背肌、大圓肌、三角肌後側、小圓肌、棘下肌 復原階段：闊筋張膜肌、大圓肌、三角肌後側、小圓肌、棘下肌、胸大肌和三角肌前側	手臂拉 / 腿部推的階段：肱二頭肌、肱肌、肱橈肌 復原階段：肱二頭肌、肱肌、肱橈肌、肱三頭肌

腹肌：穩定與平衡

功能性體適能訓練（體適能訓練：以日常生活中的需求為主）指的是以這些肌肉在日常狀態下被使用的方式來加以訓練。

維持整體姿勢肌的肌力，或加強姿勢肌，使之與拮抗肌（例如腹肌對下背部的肌肉）維持肌力與柔軟度之平衡，是體適能訓練的重點。姿勢不良會影響動作或運動的品質、安全與效果。

身體為了代償姿勢不良的影響，可能會使其他關節和肌肉，以異常的方式活動。這都會增加運動傷害和提前老化的風險，也因此肌肉骨骼的問題一直都是西式生活的一大困擾。

穩定肌指的是用來維持穩定和身體平衡的肌肉，可有效固定身體，讓其他肌肉負責運動與動作。舉例來說，做二頭肌槓鈴彎舉的時候，旋轉肌會負責穩定肩部，腹肌和下背肌群負責維持脊椎的穩定，二頭肌則負責彎曲肘關節舉起槓鈴。

接下來，在這本書中會陸續說明，為什麼腹肌是最重要的穩定肌之一。其他重要的穩定肌，則會在其他章節中深入探討：

4. 腿部與髖部
臀肌
闊筋膜張肌
股四頭肌中的股直肌
膕旁肌
髂腰肌
內收肌群
位於腿部的後脛肌

5. 背部與肩部
豎脊肌
腰方肌
斜方肌下半部與中間
前鋸肌
菱形肌
位於背部與肩部的旋轉肌群

穩定肌很容易隨著時間弱化或是鬆弛。緩慢、穩定且長時間的健身是訓練穩定肌最好的方式。本章節會著重在介紹這個方面的運動。

球型健身器材

這個章節會大量使用球型健身器材，此類器材是諸多運動項目中，相當有用的輔助設備。

抗力球

抗力球又稱為瑞士球、健身球、瑜伽球。這種用高彈性乙烯塑膠做成的球，不但相當耐用，大小也有各種選擇，常見尺寸從 55-85 公分不等。抗力球一開始被用於腦性麻痺患者的物理治療中，有助於改善平衡與維持反射反應。

抗力球在健身領域主要是用來製造一個不穩定的基座，在運動過程中，活化維持身體姿勢的穩定肌。雖然增加了運動的功能性，但許多現代運動與應用也因過度氾濫使用抗力球的現象，招來不少批評。

半圓平衡球（BOSU balls）

「BOSU」是雙面朝上（Both Sides Up）的縮寫，是 David Weck 所發明的「BOSU 球平衡訓練」中使用的運動器材。David Weck 在 1999 年發明了 BOSU 球，用於自己的背傷復健。同一年沒多久後，美國滑雪隊買了 BOSU 球的原型版本，作為奧林匹克運動會的訓練項目之一。之後，BOSU 球快速席捲健身界，許多教練認為 BOSU 球能夠同時有效強化功能性動作與平衡。

下半身前方的主要肌肉

肌肉名	跨過的關節	肌肉起點	肌肉止點	肌肉動作
腹直肌	脊椎前方	恥骨嵴	劍突、第五對到第七對肋軟骨	彎腰（雙側）；向右彎以及向左彎。控制骨盆向後傾斜（和腹外斜肌一起）
腹外斜肌	脊椎前方	最下方八對肋骨的外側緣	四個位置：髂骨嵴前方、腹股溝韌帶、恥骨嵴、股直肌筋膜前下側	彎腰（雙側）；往右側彎腰、向左側扭腰；往左側彎腰、向右側扭腰 控制骨盆向後傾斜（和腹直肌一起動作）
腹內斜肌	脊椎前方	三個位置：腹股溝韌帶上方、髂骨嵴前三分之二、腰筋膜	第七對到第十對肋軟骨與白線（想像髖部到肋骨有一個 V 字）	彎腰（雙側）；向右彎腰、扭腰；向左彎腰、扭腰
腹橫肌	脊椎前方	四個位置：分別是腹股溝韌帶、髂嵴內環、最下方六對肋軟骨的內側緣、腰筋膜	三個位置：恥骨嵴、髂疏狀線、白線。兩側腹橫肌在白線匯合	這種肌肉最好的收縮方式是等長收縮。將腹部拉向脊椎

注意：下列肌肉依序由淺層排到深層。旋轉身體的時候，腹外斜肌和腹內斜肌會同時作用（例如當左手肘碰右膝時，左腹外斜肌和右內斜肌會一同合作旋轉身體）。其他穩定肌，請參照相關的章節。

相關動作

基本身體姿勢

仰臥：脊椎與肩胛骨保持放鬆
保持脊椎放鬆：維持站姿並和緩地呼吸
核心運動・全身型穩定運動・初階到進階
程度

像是腹肌這樣的穩定肌，能夠幫助人體對抗重力、維持良好姿勢。在進行鍛鍊上肢的運動前，了解如何穩定肩胛骨相當重要，可以避免因為駝背和肩部前彎所導致的肩部疼痛。和緩呼吸也有助於放鬆肌肉和關節，為接下來的運動打下更穩定的姿勢和基礎。

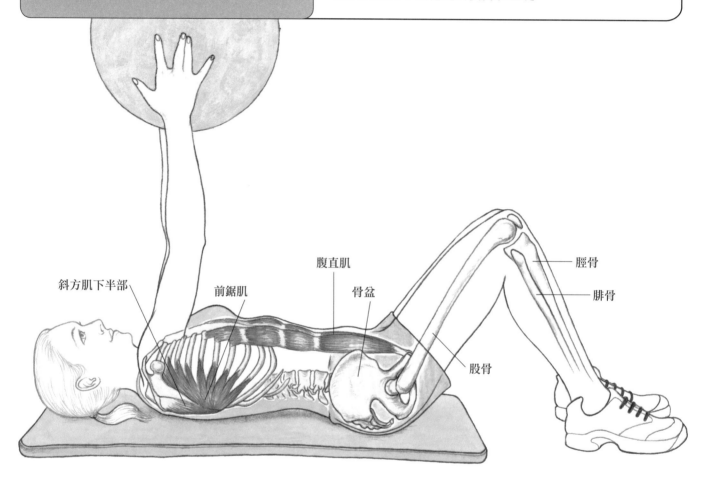

斜方肌下半部　　前鋸肌　　腹直肌　　骨盆　　脛骨　　腓骨　　股骨

仰臥：脊椎與肩胛骨保持放鬆

- 仰臥，保持脊椎放鬆，腿部打直或彎曲皆可。
- 將抗力球拿在胸前，手臂伸直，保持肘部放鬆。
- 吸氣的時候，將手臂往天花板伸直，緩緩將肩胛骨向前轉動，保持肘部放鬆。
- 放鬆肩胛骨，將肩胛骨放回緩衝墊上。
- 放下手臂，輕輕地下壓雙臂，讓肩胛骨往前抵住肋骨，啟動前鋸肌和下半部的斜方肌。
- 你應該可以感覺到兩側腋下微微地放寬。
- 重複以上步驟。

前鋸肌和斜方肌下半部

這兩塊肌肉負責將肩胛骨固定在肋骨上。試著運用這兩塊肌肉，維持良好姿勢吧。就像這個運動中的效果一樣，持續這樣做可以釋放肩頸的壓力。

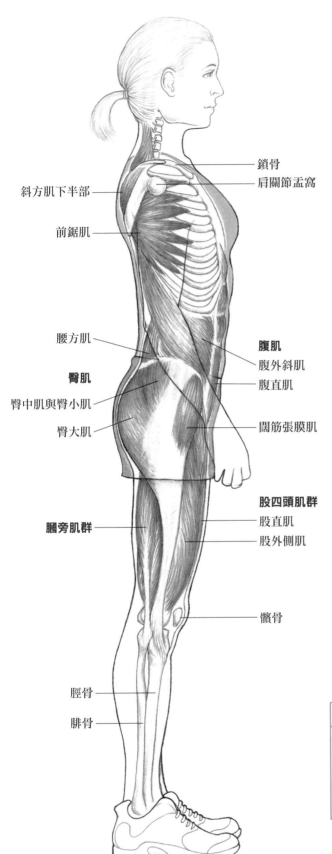

斜方肌下半部

前鋸肌

腰方肌

臀肌

臀中肌與臀小肌

臀大肌

膕旁肌群

脛骨

腓骨

鎖骨

肩關節盂窩

腹肌

腹外斜肌

腹直肌

闊筋張膜肌

股四頭肌群

股直肌

股外側肌

髕骨

保持脊椎放鬆：維持站姿並和緩地呼吸

- 將身體的重量平均分散在雙腳上。
- 用鼻子深深地吸氣，感受你的胸部在手臂下開展。
- 保持腳跟著地，想像腳踝和小腿上提的樣子，自然地從嘴巴吐氣。
- 放鬆膝部。
- 再次深吸一口氣。這次換成從膝蓋收緊股四頭肌。同一時間，輕輕地將大腿根部向內旋轉。吐氣的時候，感受下背部舒張開來的空間。
- 再次深吸一口氣。輕輕地拉長骨盆上方的脊椎。慢慢收緊腹肌，一邊吐氣，一邊放下尾骨。
- 再次深吸一口氣。感受胸部被舉起、打開，但維持肋骨下緣不要向前。吐氣，將肩胛骨放下，往前抵住肋骨。感受手臂下方舒展開來的胸部。
- 放鬆手臂和肩膀。
- 再次深吸一口氣。輕輕地從肩膀拉長頸部，保持頭部與雙腳的平衡。當妳吐氣的時候，視線應該略高於水平線。

主要穩定肌

腹肌：主要是腹斜肌和腹橫肌
身體：腰方肌與豎脊肌
肩胛骨：前鋸肌、菱形肌、斜方肌下半部
腿部與髖部：內收肌群、膕旁肌群、股直肌、臀肌

抗力球：平衡坐姿

核心運動・全身型穩定運動・中階到進階
程度

➡ 坐在抗力球上可助妳找到需要的抗力球大小：雙腳平貼於地，雙側膝蓋彎曲接近 90 度，盡可能保持水平或是微低於髖部。如果妳的年紀較大、體能狀況不佳或是過重，請選擇未充飽氣的大尺寸抗力球。體能進步後，可以選擇尺寸較小的球。

動作說明

• 一腳舉起，伸直膝關節離開地板，同時舉起對側的手臂。重複以上動作。

小秘訣：如何保持正確姿勢

• 保持姿勢挺直，避免姿勢不良。
• 避免產生動量，保持動作和緩穩定。
• 放鬆肩膀，避免低頭。

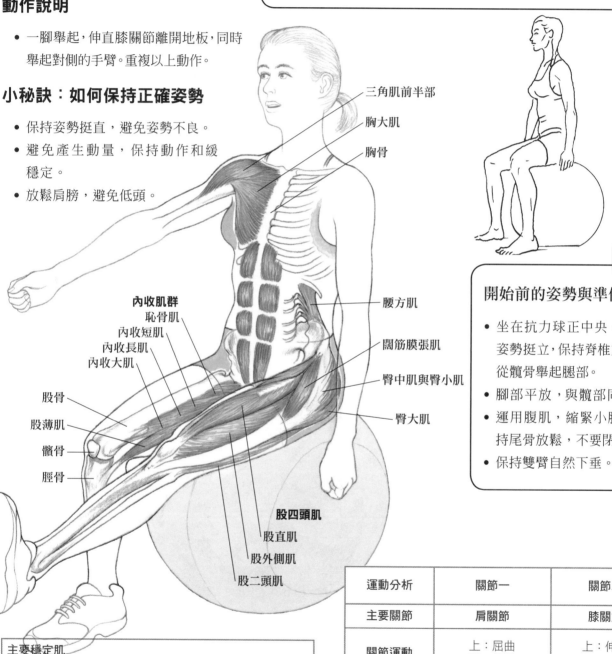

三角肌前半部
胸大肌
胸骨

內收肌群
　恥骨肌
　內收短肌
　內收長肌
　內收大肌

股骨
股薄肌
髕骨
脛骨

腰方肌
闊筋膜張肌
臀中肌與臀小肌
臀大肌

股四頭肌
　股直肌
　股外側肌
股二頭肌

開始前的姿勢與準備

• 坐在抗力球正中央，維持姿勢挺立，保持脊椎放鬆。從髖骨舉起腿部。
• 腳部平放，與髖部同寬。
• 運用腹肌，縮緊小腹，保持尾骨放鬆，不要閉氣。
• 保持雙臂自然下垂。

主要穩定肌

腹肌：主要是腹斜肌和腹橫肌
身體：腰方肌與豎脊肌
肩胛骨：前鋸肌、菱形肌、斜方肌下半部
穩定腿部與髖部：內收肌群、膕旁肌群、股直肌、臀肌

運動分析	關節一	關節二
主要關節	肩關節	膝關節
關節運動	上：屈曲 下：伸展	上：伸展 下：屈曲
主要運動肌	三角肌前側 胸大肌上半部	股四頭肌群

四點著地橫向活化

全身型穩定運動・鍛鍊腹肌・閉鎖鏈運動・
承重運動・初階到進階程度

 這項運動妳感受和加強最深層的腹肌：腹橫肌，有助
於保持腹部平坦，排空腹腔和吐氣。

小秘訣：如何保持正確姿勢

- 保持全身動作和緩、穩定。
- 避免背部中段和下背部弓起。保持骨盆放鬆，脊椎維持一直線。
- 打開胸口，肩胛骨下壓。
- 當妳的腹橫肌往脊椎收縮時，髂嵴上方的腰部（也就是「愛的把手」）會變小。

動作說明

深吸一口氣。吐氣的時候，縮緊小腹。維持脊椎呈一直線，妳會發現腹部往脊椎收縮。重複以上動作。

開始前的姿勢與準備

- 膝蓋與手掌四點著地，保持手掌在肩膀正下方，膝蓋在髖部下方。
- 維持脊椎放鬆。
- 維持胸口開展，下壓、打開肩胛骨，抵住背部。

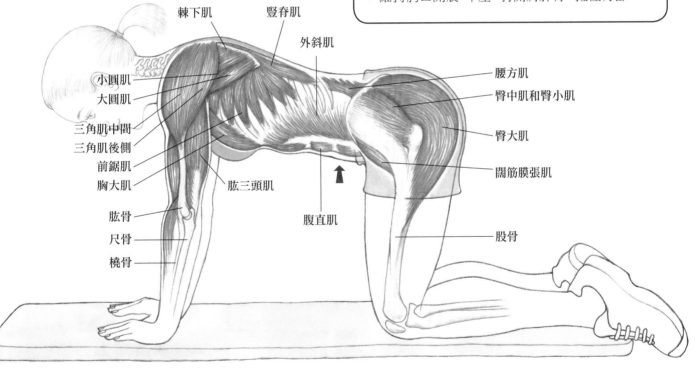

運動分析	關節一
主要關節	身體
關節運動	無
主要運動肌	腹橫肌

主要穩定肌

腹肌：主要是腹直肌、腹外斜肌和內斜肌
身體：腰方肌、豎脊肌、內收肌群、臀中肌和臀小肌
肩關節：三角肌前側、胸大肌、旋轉肌群
肩胛骨：前鋸肌、菱形肌、斜方肌下半部
手臂：肱三頭肌

抗力球：穩定棒式

全身型穩定運動．鍛鍊在腹肌和背部中段的穩定肌．閉鎖鏈運動．承重運動．中階到進階程度

這個運動能幫助妳加強穩定腹肌，舒緩因為身體的肌群不夠強壯，所導致的下背痛。運用抗力球（或是圖中的 BOSU 球），可強化核心肌群的穩定力。

動作說明

最重要的目標是將身體保持一直線，並維持穩定一段時間。目標是維持 10-60 秒的穩定。將抗力球或 BOSU 球面向上放在腳下，可強化下半身的穩定。如果將球面朝下，用手撐著，則可加強上半身的穩定。

小秘訣：如何保持正確姿勢

- 盡可能沿冠狀面伸長身體，微微收緊下巴。
- 避免弓起背部。保持骨盆放鬆，脊椎呈一直線。
- 避免肩胛骨突起，保持胸口打開，肩胛骨下壓。
- 不要閉氣，放鬆地呼吸。

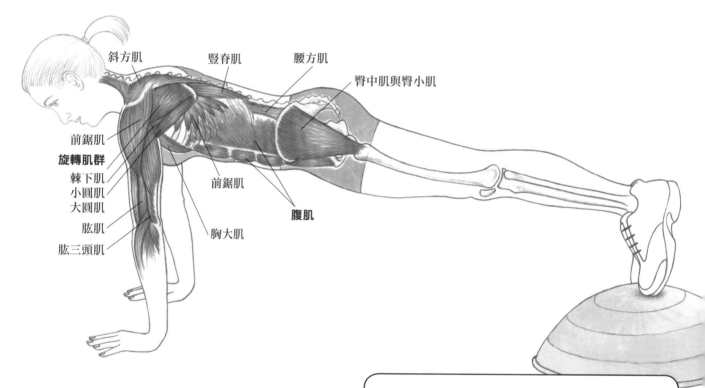

斜方肌　竪脊肌　腰方肌　臀中肌與臀小肌　前鋸肌　旋轉肌群　棘下肌　小圓肌　大圓肌　肱肌　肱三頭肌　前鋸肌　腹肌　胸大肌

主要穩定肌
主要穩定肌 腹肌 身體：腰方肌、竪脊肌、內收肌群、臀大肌、臀中肌和臀小肌 肩關節：三角肌前側、胸大肌、旋轉肌群 肩胛骨：前鋸肌、菱形肌、斜方肌下半部 手臂：肱二頭肌與肱三頭肌

開始前的姿勢與準備

- 像示意圖一樣挺起身體，保持俯臥，用手和腳撐住，保持與髖同寬。
- 手臂伸直，保持在前胸的位置，略大於肩寬。
- 保持脊椎放鬆，用腹肌穩定自己，收小腹。
- 保持胸口敞開，肩胛骨下壓。

抗力球：俯臥屈體

核心運動・複合運動/多關節運動・全身型穩定運動・閉鎖鏈運動・承重運動・中階到進階技術等級

這項運動特別整合了穩定脊椎、下背部伸展和全身型穩定運動。

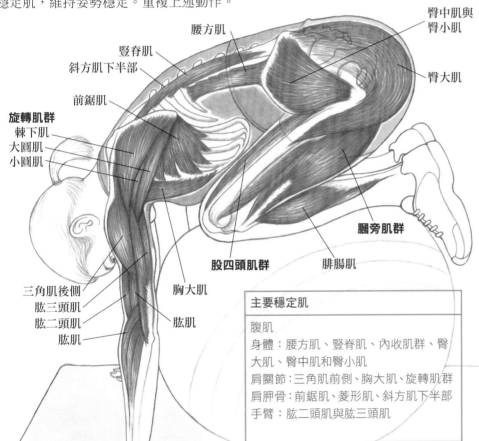

動作說明

將小腿往胸口收起，順勢將球往手的方向拉近。手臂維持穩定。回到原來的位置，運用腹肌和上半身的穩定肌，維持姿勢穩定。重複上述動作。

臀中肌與臀小肌

臀大肌

腰方肌

豎脊肌

斜方肌下半部

前鋸肌

旋轉肌群
棘下肌
大圓肌
小圓肌

膕旁肌群

股四頭肌群　腓腸肌

三角肌後側
肱三頭肌
肱二頭肌
肱肌

胸大肌　　肱肌

開始前的姿勢與準備

- 膝蓋朝下，身體前傾，直到手掌碰地（如左圖所示）讓抗力球撐住體重。不要往上看。
- 手慢慢向前移動，直到球抵住大腿下方，身體呈現棒式。
- 保持手臂伸直，微微比肩膀寬，讓手掌正好落在肩膀下方。
- 維持脊椎呈一直線。

小秘訣：如何保持正確姿勢

- 保持動作和緩、穩定。
- 避免向上看，微收下巴。
- 試著保持脊椎伸長。
- 避免肩胛骨拱起，維持胸口敞開。
- 放鬆地呼吸。

主要穩定肌

腹肌
身體：腰方肌、豎脊肌、內收肌群、臀大肌、臀中肌和臀小肌
肩關節：三角肌前側、胸大肌、旋轉肌群
肩胛骨：前鋸肌、菱形肌、斜方肌下半部
手臂：肱二頭肌與肱三頭肌

運動分析	關節一	關節二	關節三
主要關節	膝關節	髖關節	脊椎
關節運動	前滾：屈曲 後滾：伸展	前滾：屈曲 後滾：伸展	前滾：屈曲 後滾：伸展
主要運動肌	膕旁肌 腓腸肌	髂腰肌 股直肌	腹肌

穩定腹肌的訓練計劃

核心運動・單關節運動・開放鏈運動・承重運動・初階到進階技術等級

這個動作改良自專門研究腹肌復健的復健師 Shirley Sahmann 所發明的一系列動作，目的是幫助強化、穩定腹肌與骨盆底肌肉。這個動作對於治療腹直肌分裂症很有幫助（腹直肌分裂症指的是懷孕期間腹直肌分裂的狀況）。多數腹部運動因為會造成腹內壓上升或背部拉傷，並不適合懷孕或產後婦女。

小秘訣：如何保持正確姿勢

- 當妳兩側都能夠做至少 20 下，沒有任何不適、背部也不會移動之後，再考慮往下一階段推進。
- 避免產生動量，保持動作和緩、穩定。
- 避免弓起肩膀，維持胸口敞開，頭部和肩膀放鬆，肩胛骨下壓。
- 避免臀部緊繃，或是下背部垮在墊子上。注意保持腹部收縮。

運動分析	關節一
主要關節	膝關節
關節運動	遠離身體：伸展 收回身體：屈曲
主要運動肌	髂腰肌 股直肌

主要穩定肌
腹肌 頸部：胸鎖乳突肌 肩胛骨：前鋸肌、菱形肌、斜方肌下半部 髖部：髂腰肌、股直肌

注意：這項運動中所運用的多數肌肉，都是穩定肌。

注意：如果你剛接受剖腹生產，請等傷口復原後再進行這個運動。進行任何運動之前，都應該謹慎請婦產科醫師等醫療人員評估。

動作說明

熟悉每個階段的進度後再往下推進是很重要的。

1. 起始動作：腹部放鬆

呈仰臥姿勢，維持膝蓋和髖關節彎曲，保持雙腳平貼於地，與髖同寬。雙臂放於身體兩側，保持放鬆。維持脊椎自然放鬆，腹部收縮，不要移動脊椎，微收小腹。維持收小腹還能正常呼吸的狀態，漸漸延長收縮的時間。

2. 滑動雙腿

從起始動作開始，保持脊椎呈一直線，微收小腹，慢慢將一隻腳推出，微微放平。回到原來的動作，放鬆腹肌。換另外一隻腳，重複一樣的動作。

3. 舉起膝關節

從起始動作開始,保持脊椎呈一直線,微收小腹,將一隻腳舉起,膝關節維持在髖關節上方,小腿與地面平行。回到原來的動作,換另外一隻腳,重複一樣的動作。

5. 伸直腿部

從起始動作開始,將髖關節和膝關節彎曲呈 90 度,膝關節維持在髖關節上方,小腿與地面平行,然後伸直腿部,讓腳部離地約 30-60 公分。一開始妳可以不用將腿伸得那麼遠。隨著慢慢掌握這個運動,再試著把腳伸得更遠。

4. 碰觸腳踝

一樣從起始動作開始,但保持膝關節維持在髖關節上方,小腿與地面平行。保持脊椎呈一直線,微收小腹。將其中一隻腳放下的同時,繼續維持另外一隻腳的膝蓋 90 度彎曲。回到原來的動作,換另外一隻腳,重複一樣的動作。

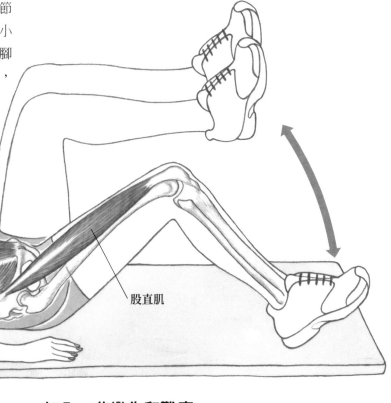

胸鎖乳突肌

腹直肌

股直肌

腹斜肌

腹橫肌斜向肌纖維(深層)

加入一些變化和難度

妳可以加入抗力球,增加一些變化。在第二階段,妳可以在腳下墊一個球,再試著把小腿滑出。為了增加難度,也可以讓肩膀微彎,當腿部滑出時,手臂則往反方向移動。

兩階段捲腹

輔助運動·單關節運動·拉·開放鏈運動·
承重運動/抗力球·初階到進階技術等級

這個版本的捲腹能放慢運動的速度，也能避免利用動量甩動身體，做出運動的假象。當捲腹的速度太快時，很容易以為自己好像多做了幾下。

動作說明

第一階段：當妳吐氣的時候，慢慢彎曲頭頸部。微收下巴，肩膀不要離開軟墊，維持這個動作。

第二階段繼續彎曲上半身，此時肩胛骨離開軟墊，下背部則留在軟墊上。維持姿勢穩定並停住。回到原來的狀態，重複一樣的動作。

小秘訣：如何保持正確姿勢

- 盡可能避免利用甩動身體的動量。維持和緩、幅度平均的動作。
- 避免抬起尾骨。
- 避免過度用力向前抬起下巴或頸部以拉動身體。上半身捲起的時候，保持下巴微微內收，維持頸椎自然放鬆。
- 避免藉助手推起身體，僅使用腹肌的力量。
- 避免弓起肩膀。維持胸部敞開，肩胛骨下壓，避免向前推。
- 身體捲起的時候吐氣。

開始前的姿勢與準備

- 仰臥，維持髖部和膝部呈 90 度彎曲，將腳放在抗力球上。
- 四指併攏，放在頭部的後方。
- 不過度彎曲頸椎。
- 維持腹部穩定肌緊繃。

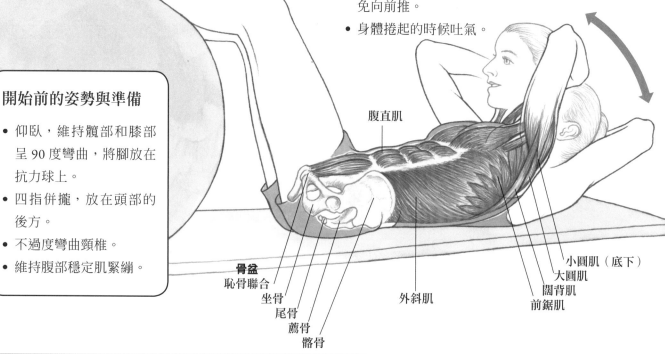

腹直肌

小圓肌（底下）
大圓肌
闊背肌
前鋸肌

外斜肌

骨盆
恥骨聯合
坐骨
尾骨
薦骨
髂骨

運動分析	關節一	關節二
主要關節	頸椎	頸椎與胸椎
關節運動	身體離地：屈曲 放下身體：伸展	身體離地：屈曲 放下身體：伸展
主要運動肌	胸鎖乳突肌	腹直肌 腹斜肌

主要穩定肌	
第一階段	第二階段
腹肌 肩胛骨：前鋸肌、菱形肌、斜方肌下半部	頸部的胸鎖乳突肌 肩胛骨：前鋸肌、菱形肌、斜方肌下半部

反式斜向平板仰臥起坐

輔助運動‧複合運動 / 多關節運動‧拉‧
開放鏈運動‧承重運動‧中階到進階技術
等級

 這是一般仰臥起坐的改良版本，對下背部更安全，
也更能控制。這個運動較著重於鍛鍊下段的腹直肌。

動作說明

吐氣的時候，慢慢彎曲身體，把上半身捲起來。接著
繼續彎曲髖部，往膝蓋帶動妳的上半身。停住維持一段
時間。回到原來的狀態，重複一樣的動作。

小秘訣：如何保持正確姿勢

- 盡可能避免甩動身體產生動量。這會讓下背部受
  傷，減少運動的效益。維持和緩、穩定、幅度平
  均的動作。
- 避免抬起尾骨。
- 避免過度用力地往前抬起下巴或頸部以拉動身體。
  上半身捲起的時候，保持下巴微微內收，維持頸
  椎自然放鬆。
- 避免藉助手推起身體，僅使用腹肌的力量。
- 避免弓起肩膀。維持胸部敞開，肩胛骨下壓。
- 身體捲起的時候吐氣，放下身體的時候吸氣。

（圖標示）
胸鎖乳突肌
胸大肌
腹肌
腹外斜肌
腹直肌
前鋸肌
骨盆
恥骨聯合
坐骨

主要穩定肌	
第一階段	第二階段
頸部：胸鎖乳突肌 肩胛骨：前鋸肌、菱形肌、斜方肌下半部	身體：腹直肌、腹斜肌 頸部：胸鎖乳突肌 肩胛骨：前鋸肌、菱形肌、斜方肌下半部

運動分析	第一階段 動作：彎曲身體的階段	第二階段 剩下的動作： 舉起肩胛骨和下背部
主要關節	脊椎	髖部
關節運動	身體離地：屈曲 放下身體：伸展	身體離地：屈曲 放下身體：伸展
主要運動肌	胸鎖乳突肌	腹直肌 腹斜肌

開始前的姿勢與準備

- 維持平板傾斜約 15-30 度，仰
  臥，膝蓋微彎，腳底平放。
- 維持雙手四指併攏放在頭部
  後方。
- 不過度彎曲頸椎。
- 維持腹部穩定肌緊繃。

維持平板 15－30 度傾斜

抗力球：斜向捲腹

輔助運動‧單關節運動‧拉‧開放鏈運動‧承重運動‧初階到進階技術等級

斜向捲腹是捲腹的簡單改良版本，特別著重在腹外斜肌與腹內斜肌的訓練。這個版本的捲腹運動，利用兩腿夾住抗力球，進一步鍛鍊腹肌以及髖部的核心肌群。

動作說明

一邊吐氣，一邊緩慢捲起並旋轉上半身，將一邊的手肘靠近對側的膝蓋。雙腿保持穩定，夾住抗力球，但不要太用力擠壓。將肩胛骨從軟墊上舉起，保持下背部穩定、輕鬆地放在軟墊上。維持這個姿勢一段時間。回到原來的狀態，重複一樣的動作。結束一組動作之後，換邊再一次。

小秘訣：如何保持正確姿勢

- 盡可能避免甩動身體產生動量。維持和緩、穩定、幅度平均的動作。
- 保持下巴微微內收、自然放鬆。
- 避免藉助手推起身體，不要用肩膀動作將手肘拉往膝蓋。
- 身體捲起的時候吐氣，放下身體的時候吸氣。

開始前的姿勢與準備

- 仰臥，膝蓋微彎，腳底平放與髖同寬。
- 雙腿間夾住一顆小型的抗力球（23 公分左右）。
- 一手平放於側，另外一隻手放在頭部後方。
- 保持頸椎自然放鬆，不過度彎曲。
- 維持腹部穩定肌緊繃。

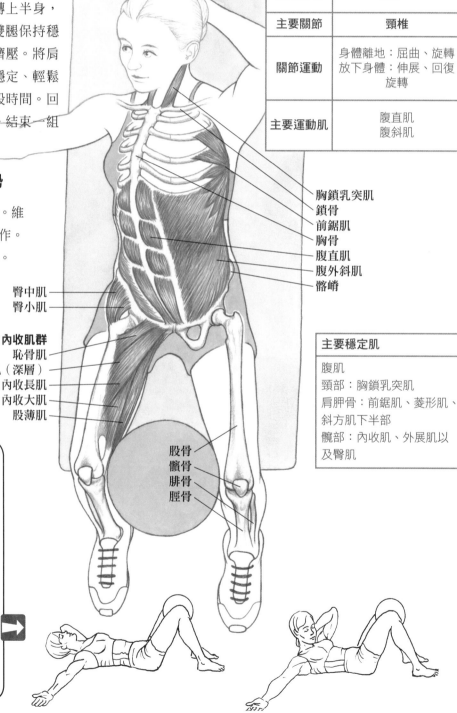

運動分析	關節一
主要關節	頸椎
關節運動	身體離地：屈曲、旋轉 放下身體：伸展、回復旋轉
主要運動肌	腹直肌 腹斜肌

胸鎖乳突肌
鎖骨
前鋸肌
胸骨
腹直肌
腹外斜肌
髂嵴

臀中肌
臀小肌

內收肌群
恥骨肌
內收短肌（深層）
內收長肌
內收大肌
股薄肌

股骨
髖骨
腓骨
脛骨

主要穩定肌
腹肌 頸部：胸鎖乳突肌 肩胛骨：前鋸肌、菱形肌、斜方肌下半部 髖部：內收肌、外展肌以及臀肌

混合式捲腹

輔助運動・單關節運動・拉・開放鏈運動・承重運動・中階到進階技術等級

這個運動會讓腹肌盡可能地收縮。請注意背部伸肌（例如豎脊肌）可能會限制腹肌收縮和活動範圍。

開始前的姿勢與準備

- 仰臥，膝蓋微彎，與髖同寬，呈垂直在髖部上方位置。
- 四指併攏，放在頭部後方。
- 保持頸椎自然放鬆，不過度彎曲。
- 維持腹部穩定肌緊繃。

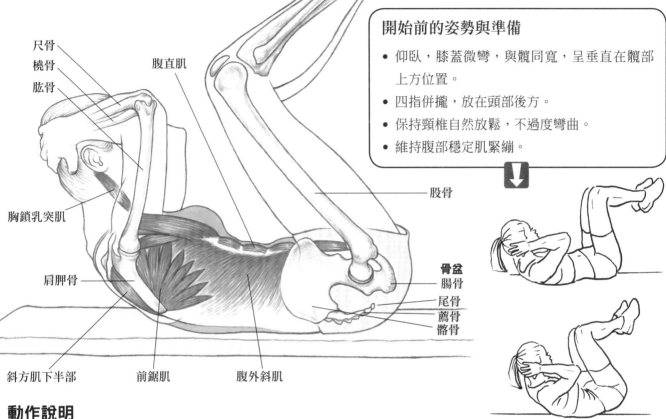

尺骨
橈骨
肱骨
腹直肌
胸鎖乳突肌
股骨
肩胛骨
骨盆
腸骨
尾骨
薦骨
髂骨
斜方肌下半部
前鋸肌
腹外斜肌

動作說明

　　一邊吐氣，一邊緩慢捲起並旋轉上半身，髖部同時朝頭部捲離軟墊，並在中點會合。維持這個姿勢一段時間。回到原來的狀態，重複一樣的動作。

小秘訣：如何保持正確姿勢

- 捲腹的時候，盡可能保持脊椎呈 C 形，維持腹肌收縮。
- 盡可能避免甩動身體產生動量。維持和緩、幅度平均的動作。
- 放下尾骨時盡量和緩。
- 捲腹的時候，保持下巴微微內收。
- 避免藉助手推起身體，盡可能只運用腹肌的力量。
- 保持胸口敞開、肩胛骨下壓。
- 身體捲起的時候吐氣，放下身體的時候吸氣。

運動分析	關節一	關節二
主要關節	頸部	脊椎
關節運動	身體離地：屈曲 放下身體：伸展	身體離地：屈曲 放下身體：伸展
主要穩定肌	胸鎖乳突肌	腹直肌 腹斜肌

主要穩定肌
腹肌 頸部：胸鎖乳突肌 肩胛骨：前鋸肌、菱形肌、斜方肌下半部 髖部：髂腰肌、股直肌

髖屈肌群訓練機

輔助運動．全身型穩定運動．鍛鍊腹肌、背部中段、下背部和肩膀的穩定肌．開放鏈運動．承重運動．中階到進階技術等級

一般認為，髖屈肌群訓練機對腹肌下半部相當有用。但其實這是一種誤解。雖然這個動作會讓腹肌下半部特別痠痛，但其實所有腹肌都會一起收縮，以維持脊椎的穩定。

動作說明

將膝蓋舉到和髖部同高，維持身體穩定。回到原來的狀態，重複一樣的動作。

小秘訣：如何保持正確姿勢

- 盡可能避免甩動身體產生動量。維持和緩、幅度平均的動作。
- 避免肩胛骨垮下，拱起肩膀。運用斜方肌下半部和前鋸肌的力量，將肩胛骨下壓舉起身體。
- 保持胸口敞開。
- 舉起身體的時候吸氣。
- 注意：如果腹肌穩定的能力太差，做這個運動可能會有急性下背痛等不舒服的感覺。

胸鎖乳突肌
三角肌
胸大肌
肱二頭肌
前鋸肌
腹部肌群
腹外斜肌
腹直肌
骨盆
髂腰肌
股直肌

運動分析	關節一
主要關節	頸椎
關節運動	向上：屈曲 向下：伸展
主要運動肌	髂腰肌 股直肌 闊筋膜張肌

主要穩定肌
腹肌 頸部：胸鎖乳突肌 肩胛骨：前鋸肌、菱形肌、斜方肌下半部 肩關節：旋轉肌群

注意：在這個運動中的動作，都來自穩定肌的收縮。

開始前的姿勢與準備

- 用上臂在機器中撐住自體重，保持胸口敞開，脊椎放鬆，背部和臀部抵住後方的靠墊。
- 此時妳的腳會懸著，腹肌負責穩住骨盆。

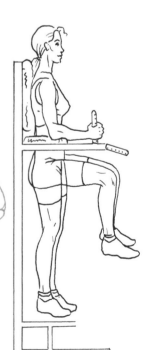

平板上穩定背部中段的肩胛骨

上半身的穩定·鍛鍊背部中段的穩定肌·
開放鏈運動·承重運動·中階到進階技術
等級

 肩胛骨的穩定肌能夠下壓肩胛骨,使肩胛骨在上半身運動的時候能夠抵住背部。如果肩部肌肉不夠強壯,容易拱肩駝背、夾胸時肩胛骨翹起,導致頸部疼痛、肩部緊繃。P91 這個動作和站立的版本有點不同,這個版本更加著重於小腿的比目魚肌。也因為膝關節彎曲的關係,就生物力學來說腓腸肌較難以動作,只能被動伸展。

動作說明

俯臥在平板上並固定手肘,向前、向外緩慢地舉起手臂。將手掌朝向頭部,拇指朝向天花板。全程保持肩胛骨下壓、肩膀放鬆。維持姿勢五秒,回到原來的狀態,重複一樣的動作。

小秘訣:如何保持正確姿勢

- 盡可能避免甩動身體產生動量。維持和緩、穩定的動作。
- 避免拱起肩膀。保持胸口敞開,肩胛骨下壓。
- 手肘抬高不要下垂。

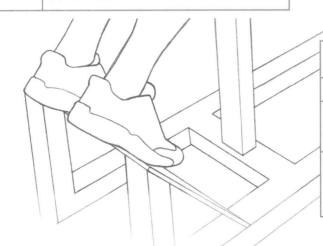

斜方肌
三角肌後側
三角肌中間段
肱二頭肌
肱肌
肱三頭肌
旋轉肌群
小圓肌
棘下肌
菱形肌
闊背肌
髂嵴
骨盆
薦骨

主要穩定肌	腹肌 頸部:胸鎖乳突肌 肩胛骨:前鋸肌、菱形肌、斜方肌下半部 肩關節:旋轉肌群

開始前的姿勢與準備

- 俯臥在平板上,頭部高於雙腳的姿勢。
- 兩腳穩定著地,膝蓋放鬆。
- 保持身體呈一直線,維持手臂在身體兩側。

運動分析	關節一
主要關節	肩關節
關節運動	向上:水平外展、屈曲 向下:水平外展、伸展
主要運動肌	三角肌後方 闊背肌 大圓肌

跪姿觸踝

全身型穩定運動·鍛鍊腹肌與下背部穩定肌·閉鎖鏈運動·承重運動·進階技術等級

 這項特殊的動作，是由瑜伽的背彎式發想而來，為腹肌和其他姿勢肌提供了全新的挑戰。

動作說明

將身體往後靠並向後旋轉，試著用手向後去碰觸另一邊的腳踝。回到原來的狀態，在另外一邊重複同樣的動作。覺得太難的話，妳可以在腳踝旁邊各擺一個瑜伽方塊，改成碰到方塊會比較輕鬆；降低高度，向後靠和旋轉的程度較小。

小秘訣：如何保持正確姿勢

- 維持和緩、穩定的動作。
- 當妳向後靠、旋轉身體時，讓身體在整個過程中的動作平均分散，以免拉傷下背部。
- 避免繃緊臀部或拱起肩膀，否則會影響妳的動作。
- 身體向後的時候吐氣。

開始前的姿勢與準備

- 跪在摺疊起來的運動軟墊上。
- 把膝蓋放在髖部下方，保持脊椎放鬆。
- 維持腹肌收縮，將肚臍拉近脊椎。為了保護背部，這是非常重要的運動步驟。
- 與肩同高，將手臂自然地伸展。手掌朝下，維持肩胛骨下壓，避免夾緊肩胛骨。

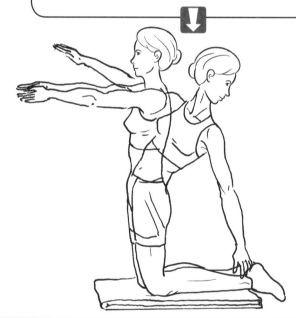

運動分析	關節一	關節二	關節三
主要關節	脊椎	肩胛骨	肩膀
關節運動	向後的動作：旋轉與伸展 回復動作：回復旋轉與屈曲	向後的動作：內收（後突） 回復動作：外展（前突）	向後的動作：伸展 回復動作：屈曲
主要運動肌	豎脊肌 腰方肌 腹斜肌	菱形肌 斜方肌	闊筋張膜肌 大圓肌 胸大肌下側面 三角肌後側

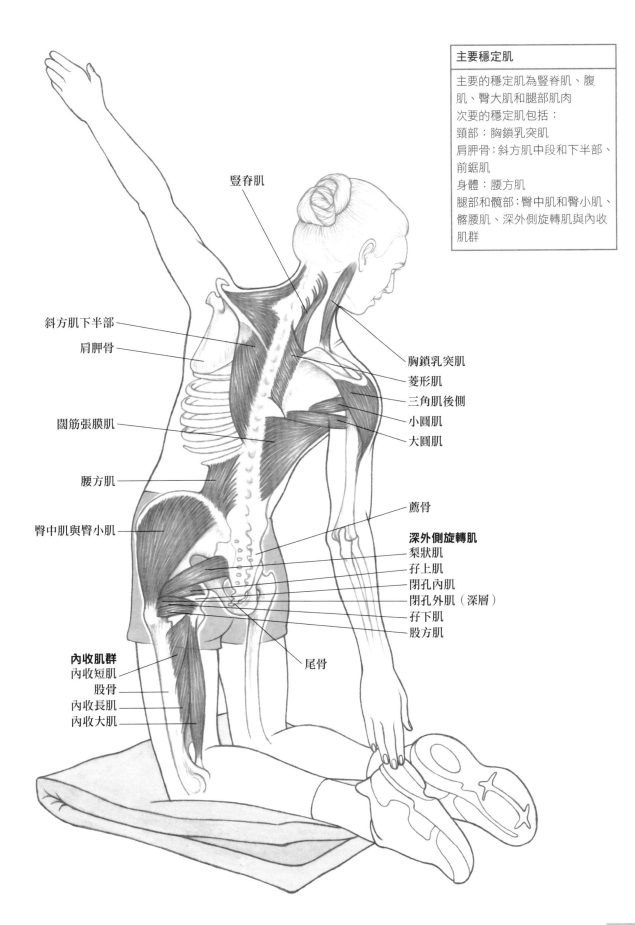

主要穩定肌

主要的穩定肌為豎脊肌、腹
肌、臀大肌和腿部肌肉
次要的穩定肌包括：
頸部：胸鎖乳突肌
肩胛骨：斜方肌中段和下半部、
前鋸肌
身體：腰方肌
腿部和髖部：臀中肌和臀小肌、
髂腰肌、深外側旋轉肌與內收
肌群

豎脊肌

斜方肌下半部

肩胛骨

闊筋張膜肌

腰方肌

臀中肌與臀小肌

內收肌群
內收短肌
股骨
內收長肌
內收大肌

胸鎖乳突肌

菱形肌

三角肌後側

小圓肌

大圓肌

薦骨

深外側旋轉肌
梨狀肌
孖上肌
閉孔內肌
閉孔外肌（深層）
孖下肌
股方肌

尾骨

胸部

乳房是主要由脂肪組織構成的器官，由胸肌給予支撐。由於乳房沒有肌肉纖維，因此不可能透過運動，讓乳房變得堅挺，或是增大乳房。但胸部運動能為乳房較大或乳房下垂的人，提供更多支撐力。雖然訓練無法恢復乳房的自然老化（尤其妳有哺乳經驗的話），但能讓妳在某種程度上感到更加緊實。雖然手術的效果更明顯，但無論妳有沒有進行豐胸手術，妳的運動計劃都應該加入一些在本章所提到的胸部運動。

增強乳房下方的胸肌，也會微微地增加胸部大小，但不會增加乳房的罩杯。以一般正常的老化過程來說，女性在 20 歲以後，每年大約會流失 500 克肌肉，並增加 1-2 公斤脂肪。所以當妳鍛鍊胸肌並減去一些脂肪的時候，並不會改變胸部的大小。事實上，胸部可能因為脂肪變少而稍微縮小。

有個小建議：如果妳希望胸部看起來可以更加飽滿，保持姿勢挺立其實很有幫助。反過來如果妳的肩膀前傾、彎腰駝背，那麼胸部看起來會較為平坦。試著練習背部中段或上背部的平衡運動（可以參考第 92 頁〈背部和肩膀〉的章節），或是多運用划船機增強姿勢肌的肌力、保持胸部敞開和肩膀放鬆。

前鋸肌是一條動態的穩定肌，負責下壓肩胛骨，讓肩胛骨能平坦地抵著背部。在做伏地挺身的時候，如果肩胛骨突起，表示前鋸肌不夠強壯或沒有被活化，應該要盡可能避免。盡量保持肩胛骨打開並下壓，能活化前鋸肌和下半部的斜方肌。這個穩定身體的原則適用於所有胸部運動。

胸部的主要肌肉

肌肉名	跨過的關節	肌肉起點	肌肉止點	肌肉動作
胸大肌	肩關節	鎖骨（上半部）：鎖骨前緣的內半部 胸骨（中間）和腹部（下半部）：前六對肋軟骨的前側緣以及與胸骨交會處	最終形成扁平的韌帶，終於肱骨結節間溝	肩部：內收、水平內收、內旋、屈曲
胸小肌	肩胛骨到肋骨	第三對到第五對肋骨的前表面	肩胛骨的喙突	肩胛骨：外展（前突）、向下旋轉、下壓
三角肌前側	肩關節	鎖骨前緣的外側三分之一處	肱骨外側緣	肩膀：屈曲、內旋
喙肱肌	肩關節	肩胛骨的喙突	肱骨幹中段內側緣	肩部：水平內收

注意：肱三頭肌和肘肌，會於第 6 章〈手臂〉詳細介紹。旋轉肌群、前鋸肌、菱形肌、斜方肌、闊背肌和大圓肌，則會留到第 5 章〈背部與肩部〉詳細介紹。

相關動作

1. 改良式伏地挺身，第 57 頁
2. 伏桿挺身，第 58 頁
3. 推舉機，第 59 頁
4. 斜向啞鈴推舉，第 60 頁
5. 槓鈴臥推，第 62 頁
6. 撐體運動，第 64 頁
7. 斜式蝴蝶機，第 65 頁
8. 平臥啞鈴飛鳥，第 66 頁
9. 滑輪機：交叉訓練，第 67 頁

改良式伏地挺身

核心運動·複合運動/多關節運動·推·
閉鎖鏈運動·承重運動·功能性運動·初
階到進階技術等級

來自捷克的 Renata Hamplová 在 1995 年的時候，締造
三分鐘和十分鐘內做最多下伏地挺身的世界紀錄。她
各做了 190 下和 426 下伏地挺身。

動作說明

維持姿勢呈一直線，彎曲手臂，
讓身體靠近地板。將身體推離地
面，回到手臂伸直的狀態。重複一
樣的動作。

小秘訣：如何保持正確姿勢

- 維持和緩、穩定的動作。
- 保持身體挺直，使耳朵、肩膀、
  髖部和膝蓋呈一直線。
- 避免代償妳的動量（避免利用
  速度甩動身體）。
- 避免肩胛骨後突。盡可能打開
  肩胛骨，維持肩胛骨下壓，平
  坦地抵住背部。

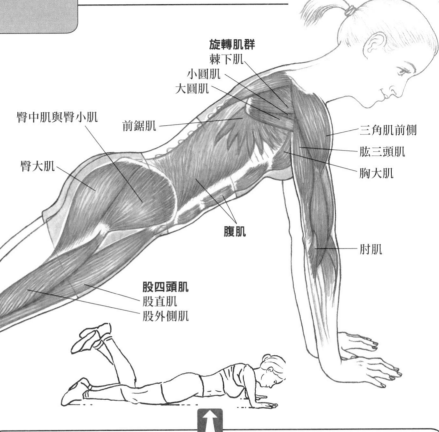

主要穩定肌

肩胛骨：前鋸肌、胸小肌、菱形
肌、斜方肌下半部
肩關節：旋轉肌群、肱二頭肌
體幹穩定肌：腹肌、臀肌、股四
頭肌群、腰方肌與闊背肌

開始前的姿勢與準備

- 俯臥，臉部朝下。
- 用手掌和膝蓋撐住身體。
- 手臂放在胸部上半部的位置，比肩膀稍寬，用力伸直手臂。
- 盡可能保持姿勢呈一直線。

運動分析	關節一	關節二	關節三
主要關節	肘關節	肩關節	肩胛胸廓關節
關節運動	向上：伸展 向下：屈曲	向上：水平內收，屈曲 向下：水平外展，伸展	向上：部分上旋，外展（前突） 向下：部分下旋，內收（後突）
主要運動肌	三頭肌 肘肌	胸大肌（尤其是胸骨和鎖骨部分） 喙肱肌 三角肌前側	前鋸肌

伏槓挺身

核心運動·複合運動/多關節運動·推·
閉鎖鏈運動·承重運動·功能性運動·初階
到進階技術等級

女性因為害怕練得太壯，常常迴避加強上半身肌力的訓練。事實上，鍛鍊上半身能讓女性維持更好的姿勢並加強自信。這個版本的挺身運動是相對容易的改良版。

動作說明

維持姿勢呈一直線，彎曲手臂，讓胸口靠近橫桿。完成動作後，將身體推離橫桿，回到手臂伸直的狀態。重複一樣的動作。

小秘訣：
如何保持正確姿勢

- 維持和緩穩定的動作。
- 身體維持挺直，使耳朵、肩膀、髖部和膝蓋呈一直線。
- 避免代償妳的動量（避免利用速度甩動身體）。
- 避免肩胛骨後突。盡可能打開肩胛骨，維持肩胛骨下壓，平坦地抵住背部。

開始前的姿勢與準備

- 俯臥，臉部朝下，靠在與髖同高的橫桿，雙手挺直，在上胸口的位置，微微打開比肩膀還要寬的距離。
- 手臂伸直撐住體重。
- 盡可能保持姿勢呈一直線。

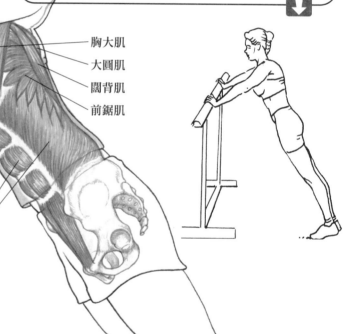

胸大肌
大圓肌
闊背肌
前鋸肌

腹肌
腹直肌
腹外斜肌

主要穩定肌

肩胛骨：前鋸肌、胸小肌、菱形肌、斜方肌下半部
肩關節：旋轉肌群、肱二頭肌
體幹穩定肌：腹肌、臀肌、股四頭肌群、腰方肌與闊背肌

運動分析	關節一	關節二	關節三
主要關節	肘關節	肩關節	肩胛胸廓關節
關節運動	向上：伸展 向下：屈曲	向上：水平內收，屈曲 向下：水平外展，伸展	向上：部分上旋，外展（前突） 向下：部分下旋，內收（後突）
主要運動肌	三頭肌 肘肌	胸大肌（尤其是胸骨和鎖骨部分） 喙肱肌 三角肌前側	前鋸肌

推舉機

核心運動·複合運動 / 多關節運動·推·
開放鏈運動·槓鈴·中階到進階技術等級

 使用推舉機時，由於幾乎感覺不到重量，會感到較為安全，很適合做為啞鈴訓練或是槓鈴臥推前的準備。

動作說明

伸展手臂，舉起推桿。在最後的動作撐住並維持橫槓張力。放鬆，重複一樣的動作。

小秘訣：如何保持正確姿勢

- 在維持良好姿勢的前提下再增加重量。
- 避免產生動量，維持和緩穩定的動作。
- 舉起橫桿的時候吐氣。
- 避免肩胛骨後突。盡可能打開肩胛骨，維持肩胛骨下壓，平坦地抵住背部。

開始前的姿勢與準備

- 將橫桿的起始位置，調整到胸口的高度。
- 維持仰臥，雙腳與肩同寬，平放在平板上，保持平衡。脊椎呈一直線。
- 在胸口上方的位置握住橫桿。

結束動作

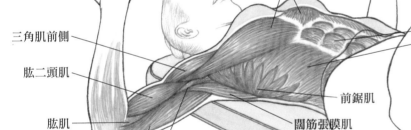

三角肌前側
肱二頭肌
肱肌
肱三頭肌
喙肱肌

胸大肌

腹肌
腹直肌
腹外斜肌

前鋸肌
闊筋張膜肌

主要穩定肌

肩胛骨：前鋸肌、胸小肌以及斜方肌下半部
肩關節：旋轉肌群、肱二頭肌
部分體幹穩定肌：腹肌、臀肌、菱形肌、斜方肌與闊背肌

運動分析	關節一	關節二	關節三
主要關節	肘關節	肩關節	肩胛胸廓關節
關節運動	向上：伸展 向下：屈曲	向上：水平內收，屈曲 向下：水平外展，伸展	向上：部分上旋，外展（前突） 向下：部分下旋，內收（後突）
主要運動肌	三頭肌 肘肌	胸大肌（尤其是胸骨和鎖骨部分） 喙肱肌 三角肌前側	前鋸肌

斜向啞鈴推舉

核心運動・複合運動／多關節運動・推・
開放鏈運動・槓鈴・中階到進階技術等級

➡️ 相較於槓鈴臥推，斜向啞鈴推舉的活動範圍較大，能
夠讓妳的肌肉大範圍地收縮。另外，這個動作也更強
調姿勢肌的穩定性，這樣才能單獨控制兩手的承重。

動作說明

彎曲手臂，慢慢將啞鈴放下，與上胸口齊平。推
舉啞鈴回到上一個動作，直到手臂完全伸直。重複
一樣的動作。

加入一些變化和難度

為了增加一些變化，妳可以將斜向平板放平後再
做啞鈴推舉。前一頁的推舉機則可固定重量，比起
用手舉著，機器能提供某種程度的安全感。

小秘訣：如何保持正確姿勢

- 平板的斜度會轉移上胸口所需要做的功。值得注
  意的是，健身房裡的平板斜度一般都調得太高。
- 在維持良好姿勢的前提下，才能增加重量。
- 避免產生動量，維持和緩、穩定的動作。
- 保持胸口敞開，避免肩膀緊繃、前突。當妳用力
  的時候，盡可能打開肩胛骨，維持肩胛骨下壓，
  平坦地抵住背部，啟動前鋸肌和斜方肌下半部。
- 舉起啞鈴時，兩個啞鈴盡可能不要相碰，維持 15
  公分左右的距離。
- 舉起啞鈴的時候吐氣。

主要穩定肌
肩胛骨：前鋸肌、胸小肌、斜方肌下半部 肩關節：旋轉肌群、肱二頭肌 部分體幹穩定肌：腹肌、臀肌、菱形肌、斜方肌與 闊背肌

運動分析	關節一	關節二	關節三
主要關節	肘關節	肩關節	肩胛胸廓關節
關節運動	向上：伸展 向下：屈曲	向上：水平內收，屈曲 向下：水平外展，伸展	向上：部分上旋，外展（前突） 向下：部分下旋，內收（後突）
主要運動肌	三頭肌 肘肌	胸大肌（尤其是胸骨和鎖骨部分） 喙肱肌 三角肌前側	前鋸肌

專屬女性的運動建議：平板推舉如何進步

　男性一般能從推舉機（第 59 頁）直接進步到槓鈴臥推（第 62 頁）。但對女性而言，最好先從推舉機過度到斜向啞鈴推舉，確認自己對啞鈴有更大活動範圍、更穩定的控制後，再進展到重量較難控制的槓鈴推舉。

三角肌前側

胸大肌

腹肌
腹直肌
腹外斜肌

胸小肌（深層）
肩胛下肌

注意：拇指虛握

橈骨

肱二頭肌
尺骨
肱肌

前鋸肌
闊背肌

小圓肌
大圓肌
喙肱肌
肱三頭肌

開始前的姿勢與準備

- 將平板的斜度設定在 15-35 度之間，不要超過這個斜度。
- 維持仰臥，雙腳與肩同寬，平放在平板上保持平衡。脊椎呈一直線。
- 利用動量將啞鈴舉近自己的膝蓋。
- 在平板上躺好，將啞鈴舉到胸口的高度，雙肘垂直撐住重量。

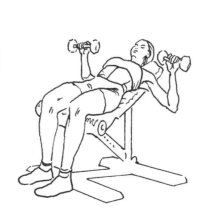
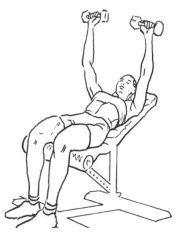

槓鈴臥推

核心運動 · 複合運動 / 多關節運動 · 推 ·
開放鏈運動 · 槓鈴 · 中階到進階技術等級

根據維基百科上的紀錄，Becca Swanson 是平板推舉的世界紀錄保持人。2006 年 8 月 26 日，她在美國戴通納海灘的 APF/WPO 戴比科柯平板推舉比賽中舉起了 250 公斤的重量。

動作說明

將槓鈴從架上拿下。彎曲手肘，將槓鈴慢慢放到上胸口。手臂伸直，回到原來的狀態。重複上述動作。

開始前的姿勢與準備

- 躺下，維持仰臥。
- 適度握住槓鈴，手臂微微打開，比肩膀稍寬。
- 保持脊椎呈一直線，可以的話，將腳抬到平板上，避免下背部拱起。

小秘訣：如何保持正確姿勢

- 在維持良好姿勢的前提下，才能增加重量。
- 避免產生動量，維持和緩、穩定的動作。
- 舉起橫桿的時候吐氣。
- 運動過程中，打開肩胛骨，保持肩胛骨下壓，平坦地抵住背部，藉此活化前鋸肌和斜方肌下半部。

注意：若手抓的位置較寬，會更強調外側胸肌的鍛鍊；手抓的位置較窄，則更能鍛鍊三頭肌、三角肌前側和內側胸肌。

運動分析	關節一	關節二	關節三
主要關節	肘關節	肩關節	肩胛胸廓關節
關節運動	向上：伸展 向下：屈曲	向上：水平內收，屈曲 向下：水平外展，伸展	向上：部分上旋，外展（前突） 向下：部分下旋，內收（後突）
主要運動肌	三頭肌 肘肌	胸大肌（尤其是胸骨和鎖骨部分） 喙肱肌 三角肌前側	前鋸肌

平板推舉的學習歷程

- 先用改良版的伏地挺身加強肌力。

- 下一步可嘗試推舉機。推舉機是由機器輔助舉起重量，比起自行舉起重量的版本，較有安全感。

- 之後就能進階到槓鈴推舉。對動作還不夠有自信前，可以先選擇較輕的重量，或是請教練或保護者在旁邊幫忙。

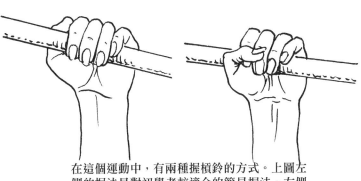

在這個運動中，有兩種握槓鈴的方式。上圖左側的握法是對初學者較適合的簡易握法。右側的握法較為進階，但能有效提升這個動作握持的品質。

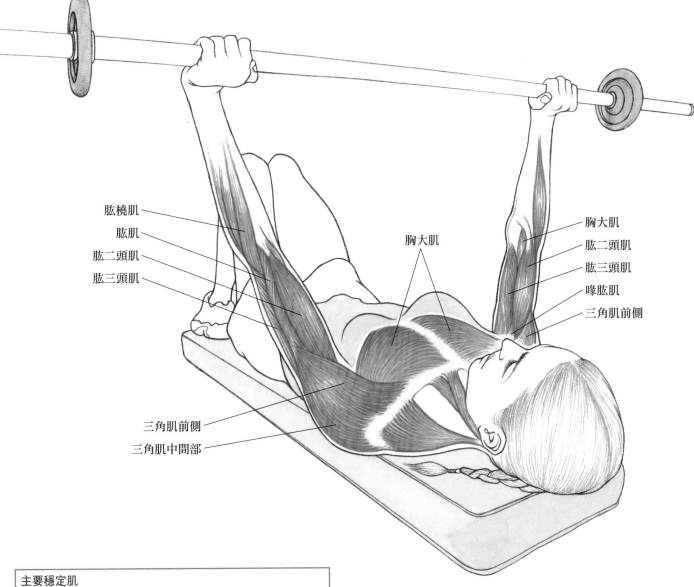

肱橈肌
肱肌
肱二頭肌
肱三頭肌

胸大肌

胸大肌
肱二頭肌
肱三頭肌
喙肱肌
三角肌前側

三角肌前側
三角肌中間部

主要穩定肌

肩胛骨：前鋸肌、胸小肌、斜方肌下半部
肩關節：旋轉肌群、肱二頭肌
部分體幹穩定肌：腹肌、臀肌、菱形肌、斜方肌與闊背肌

撐體運動

核心運動・複合運動/多關節運動・推・開放鏈運動・承重運動・中階到進階技術等級

這是相當常見且萬用的動作，但姿勢補償或動作不確實的情況也很常見。請盡可能地重複正確的姿勢，才能達到最好的訓練效果。

動作說明

慢慢降低身體，直到胸部有被拉扯的感覺，試著運用胸部和手臂的力量來控制身體的動作。維持同樣的姿勢，將身體上舉。重複一樣的動作。

斜方肌下半部
小圓肌
大圓肌
菱形肌
肱三頭肌
肱三頭肌
肘肌
闊筋張膜肌
胸大肌
前鋸肌

小秘訣：如何保持正確姿勢

- 避免產生動量，維持和緩、穩定的動作。
- 避免肩胛骨後突。盡可能打開肩胛骨，維持肩胛骨下壓。
- 著重胸部和肱三頭肌的出力。
- 身體向上的時候吐氣。

開始前的姿勢與準備

- 將身體撐在雙槓上。
- 撐住妳的體重，保持雙臂伸直，胸口敞開，身體微向前傾。

主要穩定肌

肩胛骨：前鋸肌、胸小肌、斜方肌下半部
肩關節：旋轉肌群
部分身體由腹肌與背肌穩定

運動分析	關節一	關節二	關節三
主要關節	肘關節	肩關節	肩胛胸廓關節
關節運動	向上：伸展 向下：屈曲	向上：水平內收，屈曲 向下：水平外展，伸展	向上：內收（後突）， 部分上提與上旋 向下：外展（前突）， 部分下壓與下旋
主要運動肌	三頭肌 肘肌	胸大肌 胸小肌 喙肱肌 闊背肌	小圓肌 前鋸肌 斜方肌下半部 菱形肌

斜式蝴蝶機

輔助運動‧單關節運動‧推‧開放鏈運動‧
運動機械‧初階到進階技術等級

斜式蝴蝶機有很多不同的名字：例如擴胸機、飛鳥機
等等。斜式蝴蝶機可特別鍛鍊下半部的胸肌，加強胸
肌托住乳房的能力，讓胸部變得結實。

動作說明

將左右軟墊往胸口中央靠。暫停，然後穩
定地放鬆回到原來位置。重複一樣的動作。

小秘訣：如何保持正確姿勢

- 在維持良好姿勢的前提下再增加重量。
- 坐骨靠背，挺直坐姿，保持脊椎呈一直線。
- 避免產生動量，維持和緩穩定的動作。
- 避免肩膀拱起或前彎，保持胸口敞開，
  肩胛骨下壓。
- 夾起兩側軟墊的時候吐氣。
- 兩腿張開，穩定身體。

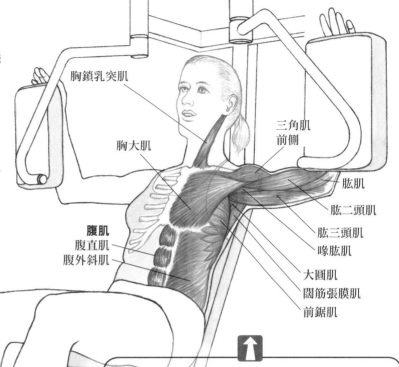

胸鎖乳突肌
三角肌前側
胸大肌
肱肌
肱二頭肌
肱三頭肌
喙肱肌
腹肌
腹直肌
腹外斜肌
大圓肌
闊筋張膜肌
前鋸肌

主要穩定肌

肩胛骨：前鋸肌、胸小肌、菱形
肌以及斜方肌（特別是斜方肌下
半部）
肩關節：旋轉肌群、肱二頭肌
部分體幹穩定肌：腹肌、臀肌與
闊背肌

開始前的姿勢與準備

- 坐進斜式蝴蝶機。
- 將前臂靠住左右的軟墊，讓手臂與肩同高。
- 保持肩膀放鬆，胸口敞開。
- 保持脊椎呈一直線，將腳舉到腳靠的位置。

動作停留時的位置

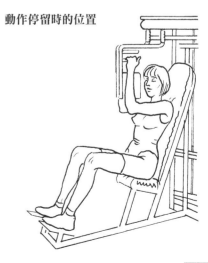

運動分析	關節一	關節二
主要關節	肩關節	肩胛胸廓關節
關節運動	向內：水平內收，部分內收 恢復：水平外展，部分外展	向內：部分外展 恢復：部分內收
主要運動肌	胸大肌（尤其是胸骨和腹側 ［下方］） 喙肱肌 三角肌前側	前鋸肌

平臥啞鈴飛鳥

輔助運動 · 單關節運動 · 推 · 開放鏈運動 · 啞鈴 · 初階到進階技術等級

11 世紀的印度就已經將啞鈴的概念運用在這個運動中。當時的「健身房」裡，會用名為「nals」的重石，來進行肌力鍛鍊。

動作說明

慢慢降低左右的啞鈴，直到感覺胸部肌肉被拉扯。回到原來的位置，重複此動作。

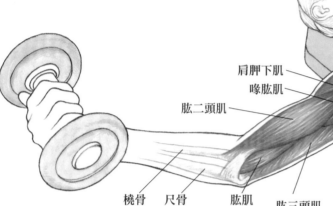

前三角肌

胸大肌

肩胛下肌
喙肱肌
肱二頭肌

橈骨　尺骨　肱肌　肱三頭肌

大圓肌
小圓肌
闊筋張膜肌
前鋸肌

腹肌
腹直肌
腹外斜肌

小秘訣：如何保持正確姿勢

* 避免過度伸展手肘，以免加重肩膀的張力。維持手臂約 10 度的伸展幅度。
* 在維持良好姿勢的前提下，才能增加重量。
* 避免產生動量，維持和緩、穩定的動作。
* 舉起啞鈴的時候吐氣。

開始前的姿勢與準備

* 準備時，先將啞鈴平舉到與膝蓋同高的位置。運用動量，將啞鈴舉到起始位置。
* 仰臥，雙腳放在平板上（或地板上），與肩同寬，穩住身體。
* 開始的時候，手臂伸直。
* 保持脊椎呈一直線，將腳舉到平板上。

運動分析	關節一	關節二
主要關節	肩關節	肩胛胸廓關節
關節運動	向內：水平內收 恢復：水平外展	向內：部分外展（前突） 恢復：部分內收（後突）
主要運動肌	胸大肌（尤其是胸骨和鎖骨側） 喙肱肌 三角肌前側 肱二頭肌（短頭）	前鋸肌

主要穩定肌

肩胛骨：前鋸肌、胸小肌、菱形肌、斜方肌下半部
肩關節：旋轉肌群、肱二頭肌
肘關節：肱三頭肌、肱肌
手腕：屈腕肌
部分體幹穩定肌：腹肌、臀肌與闊背肌

滑輪機：交叉訓練

輔助運動·單關節運動·推·開放鏈運動·滑輪機·中階到進階技術等級。

此動作需要在具備雙側拉繩的滑輪機上完成。第一部用於健身房的商業化滑輪機，是由 1950 年代美國健身界的領導者 Jack LaLanne 所開發的。

動作說明

將兩側纜繩的拉桿，拉到身體前方，盡可能使手肘保持在固定的角度。回復到開始的位置，重複以上動作。向前、向內旋轉肩膀，向外回復原來的動作。

開始前的姿勢與準備

- 呈站立姿，站在離左右拉桿同樣距離的地方。
- 單腳伸前，與肩同寬。
- 保持膝蓋微彎，身體微微前傾。

小秘訣：如何保持正確姿勢

- 避免產生動量，維持和緩、穩定的動作。
- 避免過度伸展手肘。
- 保持胸部與肩膀敞開。
- 將纜繩拉近的時候吐氣。

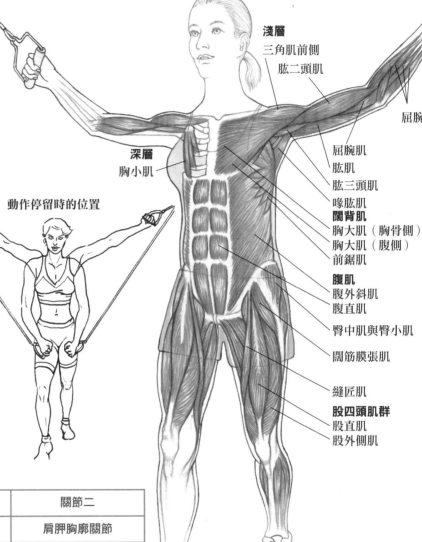

動作停留時的位置

淺層
三角肌前側
肱二頭肌
屈腕肌

深層
胸小肌
屈腕肌
肱肌
肱三頭肌
喙肱肌
闊背肌
胸大肌（胸骨側）
胸大肌（腹側）
前鋸肌
腹肌
腹外斜肌
腹直肌
臀中肌與臀小肌
闊筋膜張肌
縫匠肌
股四頭肌群
股直肌
股外側肌

運動分析	關節一	關節二
主要關節	肩關節	肩胛胸廓關節
關節運動	向內：內收、部分水平內收、內旋 恢復：外展、部分水平外展、外旋	向內：內收（前突），部分下旋 恢復：外展（後突），部分上旋
主要運動肌	胸大肌（尤其是胸骨和腹肌側「下側」） 胸小肌 三角肌前側 喙肱肌 肱二頭肌（短頭） 闊背肌	前鋸肌

主要穩定肌

肩胛骨：前鋸肌、胸小肌、菱形肌以及斜方肌下半部
肩關節：旋轉肌群、肱二頭肌
肘關節：肱三頭肌、肱肌
手腕：屈腕肌
部分體幹穩定肌：腹肌、臀肌與闊背肌
腿部的肌肉則維持身體採站立姿勢

腿部與髖部

人類與其他多數哺乳類最大的差別就是人類以兩隻腳站立，而多數的哺乳類則是以四足站立。這也意味著我們比其他哺乳類更具靈活度，卻少了穩定度。鍛鍊腿部對於維持穩定度非常重要，如果腿部肌力太弱，背部和上半身會進行代償。對女性來說，有兩個區域需要特別注意，也就是膝部和髖部。

女性運動員比起男性運動員，有四到六倍以上的機率更容易膝蓋受傷。有很多因素會導致這個結果。研究顯示，女性運動的時候容易膝內翻（X型腿），彎曲膝蓋的時候，角度也更加明顯。女性的骨盆也相對較寬，導致股骨和膝蓋的角度更加陡峭。由於賀爾蒙的作用，女性的肌腱和韌帶更為柔軟，懷孕和排卵的時候會更明顯。

很多女性擔心深蹲這類鍛鍊腿部的運動，會讓臀部看起來更大，但事實上結果通常相反。綜合多種有氧運動與肌力訓練，搭配調整營養吸收，就能有效地減脂。所有腿部的訓練中，雖然弓箭步比深蹲活動的範圍更大，但深蹲被認為比弓箭步更能強化臀肌。如果在做深蹲的時候，想要刻意強化臀肌，那麼訓練時，雙腳間應該維持較寬的距離。這會啟動臀肌與股四頭肌等內收肌群。

女性骨盆先天比男性更為前傾，使脊椎較前凸，更強調臀部曲線。姿勢不良以及膕旁肌萎縮，會導致臀部的比例失衡。穿高跟鞋會使膕旁肌和臀肌弱化，失去張力。

注意以上這些要素，則可強化膕旁肌的曲線、消除臀部脂肪，修飾曲線、強化臀肌和大腿肌肉的張力。當臀部變得緊實、上提之後，腿部看起來也會較為修長，更加有形。

腿部與髖部肌肉

肌肉名	跨過的關節	肌肉起點	肌肉止點	肌肉動作
腓腸肌	踝關節與膝關節	股骨基部的股骨髁	腳跟後方跟骨的後側面	腳踝背屈（強）；膝部彎曲（弱）
縫匠肌	踝關節	脛骨與腓骨上三分之二後側面	腳跟後方跟骨的後側面	腳踝背屈
股四頭肌：股直肌	髖關節與膝關節	骨盆前下髂棘	髕骨（膝蓋骨）與連接到脛骨粗隆的髕骨韌帶	髖骨屈曲，膝蓋伸展
股四頭肌：股外側肌、股中間肌、股內側肌	膝關節	股骨前側、外側與內側面	髕骨邊緣	膝蓋伸展
膕旁肌：股二頭肌短頭與長頭（外側緣）；半腱肌與半膜肌（內面）（通常會一同作用）	髖關節與膝蓋	股二頭肌短頭位在股骨後方，股骨粗線與外髁嵴。另外一頭則源自骨盆的坐骨粗隆	股二頭肌止於腓骨頭和脛骨外側髁。半腱肌和半膜肌則止於脛骨內髁	髖部：伸展 膝蓋：屈曲 股二頭肌也負責髖部和膝部的外旋 半腱肌和半膜肌負責髖部和膝部內旋

肌肉名	跨過的關節	肌肉起點	肌肉止點	肌肉動作
內收肌群：恥骨肌、內收短肌、內收腸肌、內收大肌、股薄肌（通常會一同作用）	髖關節（股薄肌也同樣跨過膝關節）	恥骨和骨盆的坐骨	沿著股骨內側的小轉子、粗線與內髂嵴。股薄肌止於脛骨內上側	主要的動作是髖部內收
闊筋膜張肌	髖關節	前上髂棘	髂脛束	髖部：外展、屈曲，幫助內旋
臀大肌	髖關節	後髂骨嵴、薦骨與腰椎	闊筋膜張肌的髂脛束	髖部：伸展、外旋
臀中肌與臀小肌（一起稱為外展肌）	髖關節	髂骨外表面（共同起點）	股骨大轉子（共同止點）	髖部：外展、外旋（臀中肌）、內旋（臀中肌和臀小肌）
髂腰肌	髖關節	髂骨內側面、薦骨底、最後一節胸椎與五節腰椎	股骨小轉子	髖部屈曲
髖關節深外側旋轉肌群：梨狀肌、孖上肌、孖下肌、閉孔內肌、閉孔外肌（臀肌深層）	髖關節	薦骨前方，坐骨後側和閉孔	大轉子上方與下方	髖部外旋

注意：為了能更簡要地進行說明，有很多腿部肌肉在此不多做介紹，例如：前脛肌、後脛肌、腓肌和縫匠肌。而闊背肌、斜方肌、菱形肌、豎脊肌、腰方肌會在第 5 章〈背部與肩部〉介紹。

相關動作

夾球深蹲

核心運動・複合運動/多關節運動・推・閉鎖鏈運動・承重運動・初階到進階技術等級

深蹲是核心運動中最基本的一種。這項運動的重點是身體的姿勢，以及深蹲時身體是否挺立。進行類似的腿部訓練前，修正錯誤姿勢是相當關鍵的步驟。

動作說明

慢慢地將身體放低，像是坐回椅子一樣降低髖部。保持雙腳夾球，大拇趾和膝蓋內側連線垂直。將身體放低直到膝關節彎曲接近 90 度，大腿與地板平行之前停止。回到原來的姿勢，再重複以上動作。

前鋸肌
臀中肌與臀小肌
腹肌
腹直肌
腹外斜肌
股四頭肌
股直肌
股外側肌
髂脛束
股二頭肌（膕旁肌）
長頭
短頭
臀大肌
腓腸肌
前脛肌
比目魚肌
阿基里斯腱

開始前的姿勢與準備

- 呈站立姿，雙腳打開與肩同寬。
- 保持姿勢挺立，脊椎放鬆。
- 保持膝蓋放鬆，在雙膝之間夾著 22 公分左右的抗力球。
- 保持手臂交叉抱胸。

小秘訣：如何保持正確姿勢

- 維持姿勢不左右偏移，脊椎放鬆，呈一直線。
- 保持胸部敞開，避免肩膀前彎。
- 盡可能保持膝蓋不要超出腳趾太多。
- 保持體重落在腳跟到足部中段的位置，腳跟不要離地。
- 如果沒辦法維持腰部的脊椎曲線，膝蓋的角度可以小於 90 度，不妨從 45 度開始。
- 身體向下的時候吸氣，身體向上的時候吐氣。

主要穩定肌

身體穩定肌：腹肌、豎脊肌與腰方肌
髖部：臀中肌與臀小肌、深外側旋轉肌群與內收肌群

運動分析	關節一	關節二
主要關節	髖關節	膝關節
關節運動	身體向下：屈曲 身體向上：伸展	身體向下：屈曲 身體向上：伸展
主要運動肌	臀大肌 膕旁肌	股四頭肌

槓鈴：獨立式芭蕾深蹲

**核心運動・複合運動／多關節運動・推・
閉鎖鏈運動・槓鈴・中階到進階技術等級**

芭蕾深蹲有非常多的類似動作，這個動作的名字由法文的「彎曲」而來。這個運動參考了芭蕾中雙腳朝外、彎曲膝蓋的方法。

動作說明

慢慢將身體放低，像是坐回椅子一樣降低髖部。保持雙腳夾球，大拇腳趾和膝蓋內側連線垂直。將身體放低直到膝關節彎曲接近 90 度，大腿與地板平行之前停止。回到原來的姿勢，再重複以上動作。

開始前的姿勢與準備

- 如果妳使用深蹲架，先像第 73 頁圖示的那樣，將橫桿從深蹲架上拿下。
- 呈站立姿，雙腳打開約兩倍肩寬距離，夾角約 45 度角。
- 保持膝蓋放鬆。

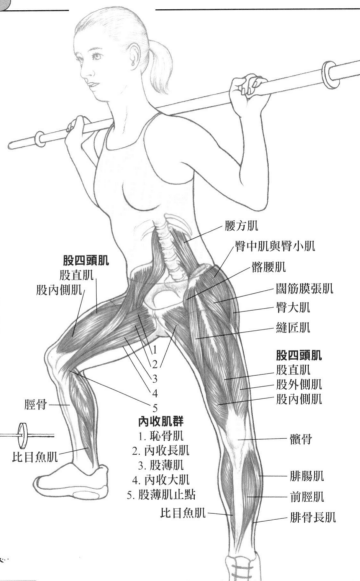

股四頭肌
股直肌
股內側肌

脛骨

比目魚肌

腰方肌
臀中肌與臀小肌
髂腰肌
闊筋膜張肌
臀大肌
縫匠肌

股四頭肌
股直肌
股外側肌
股內側肌

髕骨

腓腸肌
前脛肌
腓骨長肌

內收肌群
1. 恥骨肌
2. 內收長肌
3. 股薄肌
4. 內收大肌
5. 股薄肌止點
比目魚肌

運動分析	關節一	關節二
主要關節	髖關節	膝關節
關節運動	身體向下：屈曲、外展 身體向上：伸展、內收	身體向下：屈曲 身體向上：伸展
主要運動肌	臀大肌 膕旁肌 內收肌群	股四頭肌 （強調外側肌肉）

小秘訣：如何保持正確姿勢

- 和下一頁「槓鈴：獨立式深蹲」的小祕訣相同。

主要穩定肌
身體穩定肌：腹肌、豎脊肌與腰方肌 髖部：深外側旋轉肌群、臀中肌與臀小肌及內收肌群 下肢：腳踝穩定肌與腓腸肌

槓鈴：獨立式深蹲

核心運動・複合運動/多關節運動・推・
閉鎖鏈運動・槓鈴・中階到進階技術等級

 如果姿勢正確的話，這個動作將不僅可以讓妳獲益良多，同時也是所有女性鍛鍊肌力和肌張力的基本動作。

動作說明

慢慢將身體放低，像是坐回椅子一樣降低髖部。保持雙腳夾球，大拇腳趾和膝蓋內側連線垂直。將身體放低直到膝關節彎曲接近 90 度，大腿與地板平行之前停止。回到原來的姿勢，再重複以上動作。

小秘訣：如何保持正確姿勢

* 在維持良好姿勢的前提下，才能增加重量。
* 避免產生動量，維持和緩、穩定的動作。
* 維持姿勢不左右偏移，脊椎放鬆，呈一直線。
* 避免肩膀拱起或是前彎，隨時保持胸口敞開、肩胛骨下壓。
* 盡可能保持膝蓋不要超出腳拇趾太多。
* 保持體重落在腳跟到足部中段處，腳跟不要離地。
* 如果沒辦法維持腰部的脊椎曲線，膝蓋的角度可以小於 90 度，不妨從 45 度開始。
* 身體向下的時候吸氣，有助於增加腹部壓力。保持肩膀敞開，避免脊椎彎曲。身體向上的時候吐氣。

開始前的姿勢與準備

* 將橫槓從深蹲架上拿下來後，先移動到安全的地方再進行深蹲。
* 站姿，雙腳打開與肩同寬，雙膝放鬆。
* 呈站立姿，保持身體呈一直線，脊椎放鬆。
* 在比肩膀略寬的位置握住損桿，以妳自己舒服的方式為主。

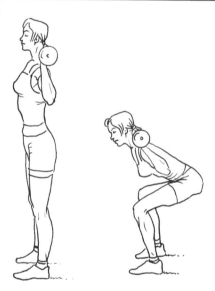

專屬女性的運動建議：定位橫槓

相較於男性，由於女性的斜方肌上半部軟組織較少，位置也比較小，對於把橫槓跨放在斜方肌上半部的起始動作，常常覺得不是很舒服。我們建議妳可以盡可能張開肩膀和胸部。這會放鬆斜方肌上半部的組織，為橫槓製造出比較好的緩衝區。在某些健身房裡，會提供有軟墊包覆的橫槓。

注意：如果過程中妳的膝蓋感覺到疼痛，請立即停止此動作。初學者則應該聽從教練的指示，選擇適合的重量。

運動分析	關節一	關節二
主要關節	髖關節	膝關節
關節運動	身體向下：屈曲 身體向上：伸展	身體向下：屈曲 身體向上：伸展
主要運動肌	臀大肌 膕旁肌	股四頭肌

主要穩定肌
身體穩定肌：腹肌、豎脊肌與腰方肌 髖部：臀中肌與臀小肌、深外側旋轉肌群與內收肌群 下肢：腳踝穩定肌與腓腸肌

訓練的秘訣：姿勢與正位

請注意頭部與眼睛間的角度盡量保持耳朵、肩膀和髖部間自然的曲線骨盆的位置不要歪掉，維持腰椎曲線的自然弧度，保持膝蓋自然的角度以及膝蓋和腳之間的相對位置。

訓練的秘訣：將體重分佈在腳板上

維持體重和雙腳之間保持三點穩定。不要讓膝蓋向內彎，或是強迫體重垂直落在大腳拇趾和前足。保持腳部平坦落於地面，避免腳跟提起。

訓練的秘訣：學習如何深蹲

- 剛開始的時候，妳可以拿一根掃把及一把椅子來練習獨立式深蹲。掃把能夠給妳一種承重的感覺，椅子是用來讓妳將髖部放到正確的高度，也能給妳一些安全感。

- 接著學習如何從深蹲架上將橫槓拿下來。橫槓應該放在架上，約上胸口的高度，此時膝蓋應維持彎曲狀態。身體微蹲在橫槓下方。將橫槓對準肩膀上的「肉墊」，也就是斜方肌上半部的位置。

- 吸氣，保持眼睛直視水平線微微向上的位置，然後維持三點平衡，舉起橫桿。準備好以後，慢慢回到開始的位置。

- 反向進行上述步驟，把橫槓放回架上。

專屬女性的運動建議：女性與膝蓋受傷的風險

統計發現，女性的膝蓋比男性更容易受傷。這可能是因為女性的骨盆較寬，股骨和膝蓋的角度更大，讓女性的膝關節在運動時，較不穩定。順應女性的解剖構造，改良深蹲的方式，對於提升運動安全性與運動成效相當重要。如果妳在深蹲的時候，覺得很不舒服，或是覺得膝蓋上承受的重量太重，請試著在起步時，將腳步張的比肩膀寬度更開一些。

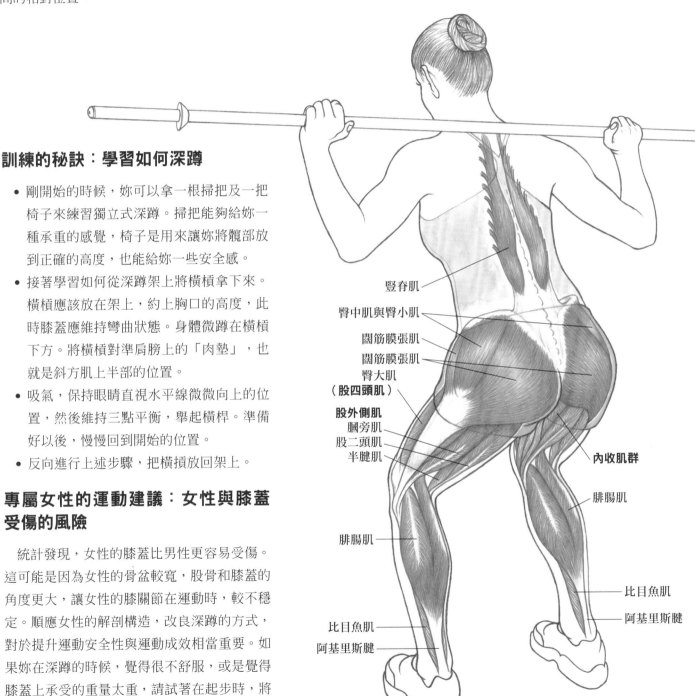

豎脊肌
臀中肌與臀小肌
闊筋膜張肌
闊筋膜張肌
臀大肌
（股四頭肌）
股外側肌
膕旁肌
股二頭肌
半腱肌
腓腸肌
內收肌群
腓腸肌
比目魚肌
阿基里斯腱
比目魚肌
阿基里斯腱

（機械式）斜式推蹬

核心運動·複合運動 / 多關節運動·推·開
放鏈運動·運動器材·中階到進階技術等級

 推蹬機大約自 1943 年開始普及，由 Clancy Ross 與
Leo Stern 所發明。

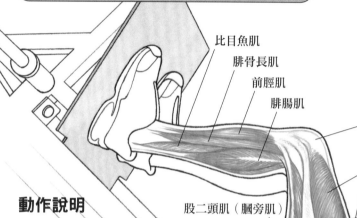

比目魚肌
腓骨長肌
前脛肌
腓腸肌
髕骨
股四頭肌
股外側肌
股直肌
股二頭肌（膕旁肌）
髂脛束
闊筋張膜肌
臀中肌
與臀小肌
臀大肌

主要穩定肌

身體穩定肌：腹肌、豎脊肌與腰方肌
髖部：臀中肌與臀小肌、深外側旋轉肌群與內收肌群
下肢：腳踝穩定肌與腓腸肌

動作說明

彎曲髖部和膝蓋，慢慢放低腳
蹬板，直到膝蓋彎曲呈 90 度。回到
原來的姿勢，再重複以上動作。

小秘訣：如何保持正確姿勢

- 使用推蹬機前，務必先接受完整的教
  學和示範。
- 保持下背部抵住後背板。
- 如果你無法維持腰部的位置，則讓膝蓋彎曲
  的程度小於 90 度。
- 避免產生動量，維持和緩、穩定的動作。
- 維持姿勢不左右偏移，脊椎放鬆，呈一直線。
- 保持胸口敞開，避免肩膀拱起或前彎。
- 盡可能保持膝蓋不要超出腳拇趾太多，保持體重
  落在腳跟到足部中段的位置。
- 腳蹬板往下的時候吸氣，往上推的時候吐氣。

開始前的姿勢與準備

- 坐進推蹬機，背部平貼後背的軟墊。
- 將腳放在腳蹬板，雙腳張開與肩同寬。
- 放開煞車桿。
- 保持膝蓋放鬆。

運動分析	關節一	關節二	關節三
主要關節	髖關節	膝關節	踝關節
關節運動	腳蹬板向下：屈曲 腳蹬板向上：伸展	腳蹬板向下：屈曲 腳蹬板向上：伸展	腳蹬板向下：足背屈 （足部上提） 腳蹬板向上：蹠屈 （足部下壓）
主要運動肌	臀大肌 膕旁肌	股四頭肌	

槓鈴反弓步

核心運動・複合運動 / 多關節運動・推・
開放鏈運動・槓鈴・中階到進階技術等級

弓步之於女性，就像深蹲之於男性一樣。多數教練希
望女性多練習弓步，他們基於許多理由，認為弓步相
對於深蹲更能減少膝蓋的壓力、雕塑臀部。反弓步則比弓
步更為安全，更適合女性操作。

動作說明

慢慢地向後踏出一步，呈弓
箭步。雙膝彎曲，髖部放低，
使前腳大腿與地板平行，前腳
膝蓋則與腳部和踝部垂直。利
用前腳跟與前腳中間的力量，
將身體拉回到原來的姿勢，不
要用後腳的力量推動自己。

小秘訣：如何保持正確姿勢

- 保持身體挺直，運動過程中，體重平均分布於
  兩腳。
- 避免抬起前腳腳跟。保持前腳膝蓋的位置不
  要超過腳拇趾太多。
- 動作應確實，不要讓身體前傾，以免對前腳
  膝蓋造成太大壓力。維持動作和緩、穩定，
  避免快上快下。
- 維持姿勢不左右偏移，脊椎放鬆呈一直線。
- 保持胸口敞開，避免肩膀拱起或前彎。

腹肌
腹外斜肌
腹直肌

半腱肌（膕旁肌）

闊筋膜張肌
臀中肌與臀小肌
內收肌群
恥骨肌
內收短肌
內收長肌
內收大肌

股四頭肌
股直肌
股外側肌
股內側肌

縫匠肌

腓腸肌

比目魚肌

主要穩定肌

身體穩定肌：腹肌、豎脊肌與
腰方肌
髖部：臀中肌與臀小肌、深外
側旋轉肌群與內收肌群
下肢：腳踝穩定肌與腓腸肌

開始前的姿勢與準備

- 呈站立姿，雙腳張開與肩同寬。
- 將槓鈴的桿子舒服地放在斜方肌上半部。
- 維持姿勢不左右偏移，脊椎放鬆，呈一直線。

運動分析	關節一	關節二
主要關節	髖關節（front leg）	膝關節 （front leg）
關節運動	向下：屈曲 向上：伸展	向下：屈曲 向上：伸展
主要運動肌	臀大肌 膕旁肌	股四頭肌

獨立式側弓步

核心運動・複合運動 / 多關節運動・推・封閉鏈運動・承重運動・初階到中階技術等級

 這是從深蹲和弓步改良而來的動作，能夠運用到更多髖部內側與外側和大腿的肌肉。

動作說明

慢慢向側邊踏出一步，約為兩倍肩膀寬度。慢慢蹲低身體，像是要坐進椅子一樣，將髖部向後放，做出類似深蹲的動作。慢慢彎曲膝蓋約 90 度，直到大腿與地面平行。回到原來的姿勢，換腳跨出，再重複以上動作。

小秘訣：如何保持正確姿勢

- 維持姿勢不偏移，脊椎放鬆呈一直線。
- 保持胸口敞開，避免肩膀拱起或前彎。
- 保持前腳膝蓋的位置不要超過腳拇趾太多。腳拇趾對齊膝蓋內側。
- 保持體重平均分布於腳跟到腳部中間的位置。避免抬起腳跟。
- 如果妳無法維持腰部的位置，可讓膝蓋彎曲的程度小於 90 度。剛開始的時候維持 45 度左右即可。
- 身體向下時吸氣；向上時吐氣。

開始前的姿勢與準備

- 雙腳站立，張開與肩同寬。
- 維持姿勢不左右偏移，脊椎放鬆，呈一直線。
- 保持膝蓋放鬆。

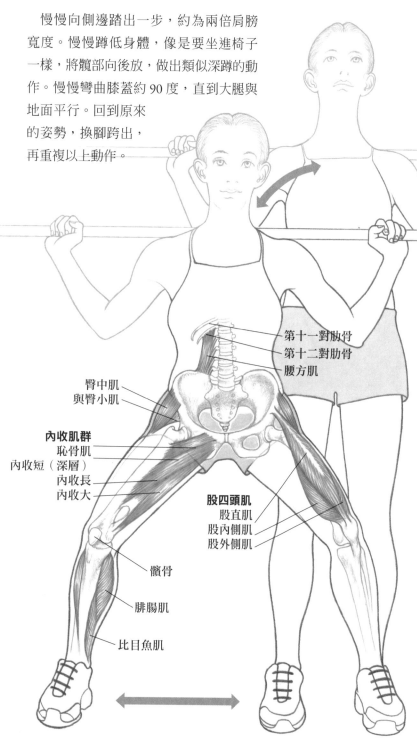

第十一對肋骨
第十二對肋骨
腰方肌
臀中肌與臀小肌
內收肌群
恥骨肌
內收短（深層）
內收長
內收大
股四頭肌
股直肌
股內側肌
股外側肌
髕骨
腓腸肌
比目魚肌

運動分析	關節一	關節二
主要關節	髖關節	膝關節
關節運動	向下：外展，然後屈曲 向上：伸展，然後內收	向下：屈曲 向上：伸展
主要運動肌	髖部外展： 臀中肌與臀小肌 髖部彎曲與伸展： 臀大肌；膕旁肌 髖部內收：內收肌群	股四頭肌

主要穩定肌
身體穩定肌：腹肌、豎脊肌與腰方肌 髖部：臀中肌與臀小肌、深外側旋轉肌群與內收肌群（身體不動的時候）

健身踏板：踏步

核心運動·複合運動/多關節運動·推·開
放鏈運動·承重運動·中階到進階技術等級

 健身踏板能增加髖部運動範圍，有效鍛鍊臀部肌肉。

動作說明

　　穩定地向前跨步踏上健身踏板，然後用踏在踏
板上的那一隻腳來穩定地控制身體，回到原來的
位置。

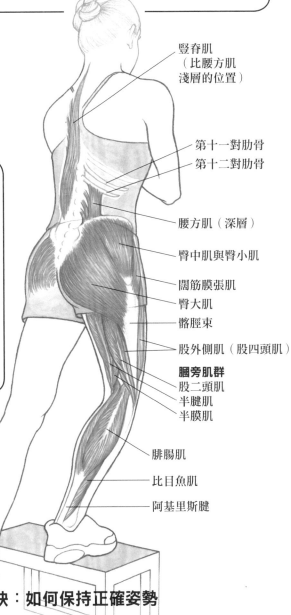

豎脊肌
（比腰方肌
淺層的位置）

第十一對肋骨
第十二對肋骨

腰方肌（深層）

臀中肌與臀小肌

闊筋膜張肌

臀大肌

髂脛束

股外側肌（股四頭肌）

膕旁肌群
股二頭肌
半腱肌
半膜肌

腓腸肌

比目魚肌

阿基里斯腱

開始前的姿勢與準備

* 站在健身踏板或任何穩
定的平台後方，雙腳張
開與肩同寬。踏板高度
30- 40 公分最佳。
* 雙臂抱住前胸，維持肩
膀放鬆。
* 維持姿勢不左右偏移，
脊椎放鬆，呈一直線。

運動分析	關節一	關節二
主要關節	髖關節 （踏板上的那一腳）	膝關節 （踏板上的那一腳）
關節運動	向上：屈曲，然後伸展 向下：屈曲，然後伸展	向上：屈曲，然後伸展 向下：屈曲，然後伸展
主要運動肌	髖部彎曲（向上）： 髂腰肌（向下時，被 動收縮） 髖部伸展（向上與向 下）：臀大肌；膕旁肌	膝蓋伸展（向上）與 彎曲（向下）：股四 頭肌 膝蓋伸展（向下）： 膕旁肌

主要穩定肌

身體穩定肌：腹肌、豎脊肌與腰方肌
髖部：臀中肌與臀小肌、深外側旋轉肌群與內收肌群（身體
不動的時候）
下肢：腳踝穩定肌與腓腸肌

小秘訣：如何保持正確姿勢

* 維持上半身挺直，重心位於身體中心。
* 用腳部中後段的推力，做出向上的動作。
* 前腳膝蓋的位置不要超過腳拇趾太多。
* 保持緩慢、穩定的動作。如果妳發現動作很難做
確實，請更換矮一點的踏板。
* 維持姿勢不左右偏移，脊椎放鬆，呈一直線。
* 保持胸口敞開，避免肩膀拱起或前彎。
* 身體向上時吸氣。

改良式屈腿硬舉

核心運動 · 複合運動 / 多關節運動 · 拉 ·
封閉鏈運動 · 槓鈴 · 中階到進階技術等級

➡ 硬舉是舉重運動中最主要的三種動作之一，同時也是最完整且具功能性的動作。這個改良版的動作，是女性健身計劃中相當重要的一環。

動作說明

身體向前彎，髖部呈深蹲狀態，膝蓋微彎，直到妳感受到膕旁肌的張力。不要過度深蹲人使膝蓋的彎曲程度超過 90 度。回到原來的動作，伸展膝蓋和髖部，運用背部、髖部和大腿的力量舉起槓鈴。請注意，運用妳的臀肌和膕旁肌的力量。

主要穩定肌

豎脊肌和腰方肌是非常重要的動態穩定肌，負責維持脊椎伸展
其他的身體穩定肌如下：
肩胛骨：下半部與中段的斜方肌、提肩胛肌、菱形肌與前鋸肌、旋轉肌群、三角肌與臂肌
髖部：臀中肌與臀小肌、深外側旋轉肌群與內收肌群
下肢：腳踝穩定肌、前脛肌與腓腸肌

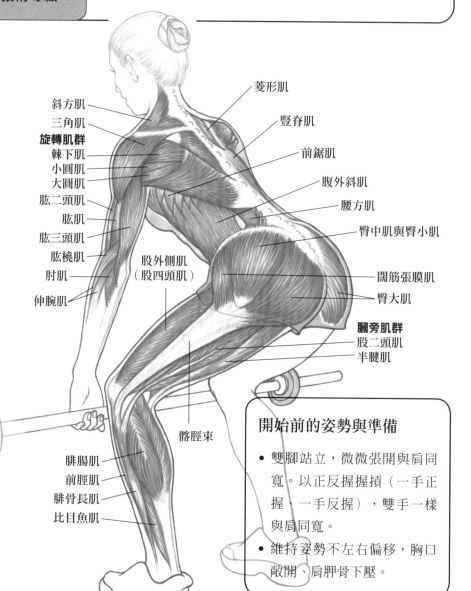

斜方肌
三角肌
旋轉肌群
棘下肌
小圓肌
大圓肌
肱二頭肌
肱肌
肱三頭肌
肱橈肌
肘肌
伸腕肌

菱形肌
豎脊肌
前鋸肌
腹外斜肌
腰方肌
臀中肌與臀小肌
闊筋張膜肌
臀大肌
膕旁肌群
股二頭肌
半腱肌

股外側肌（股四頭肌）

髂脛束

腓腸肌
前脛肌
腓骨長肌
比目魚肌

開始前的姿勢與準備

- 雙腳站立，微微張開與肩同寬。以正反握握損（一手正握、一手反握），雙手一樣與肩同寬。
- 維持姿勢不左右偏移，胸口敞開、肩胛骨下壓。

小秘訣：如何保持正確姿勢

- 尋求教練協助以確保姿勢正確。
- 舉起槓鈴的時候，運用頭部和肩膀來帶領身體的動作，維持髖部放低。
- 槓鈴超過膝蓋高度後將髖部向前推。
- 盡可能保持槓鈴的桿子靠近身體。
- 身體向上時吸氣，身體向下時吐氣。

運動分析	關節一	關節二	關節三
主要關節	膝關節	髖關節	脊椎
關節運動	身體向上：伸展 身體向下：屈曲	身體向上：伸展 身體向下：屈曲	身體向上：伸展 身體向下：屈曲，回到放鬆狀態
主要運動肌	股四頭肌	臀大肌 膕旁肌	豎脊肌

雙腳橋式合併肩部屈曲

四肢運動·單關節運動·推·封閉鏈運動·承重運動·初階到進階技術等級

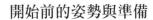 橋式原本是用於背部復健和物理治療的動作。這個版本改良自好幾種不同的核心動作，以適用於健身房的例行練習。

動作說明

藉著伸展髖部，慢慢抬起下背部和身體。保持雙臂放鬆上舉。維持髖部上舉的動作一陣子，然後回到原來的位置，重複操作。

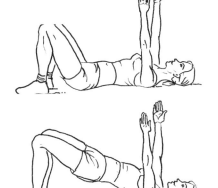

開始前的姿勢與準備

- 身體仰臥平躺並且彎曲膝蓋，腳掌平貼於地。
- 手臂舉起，垂直於地
- 肩膀放鬆，肩胛骨下壓。

小秘訣：如何保持正確姿勢

- 用髖部來帶領身體的動作。
- 保持膝蓋與髖部同寬。
- 保持肩膀放鬆與胸口敞開。

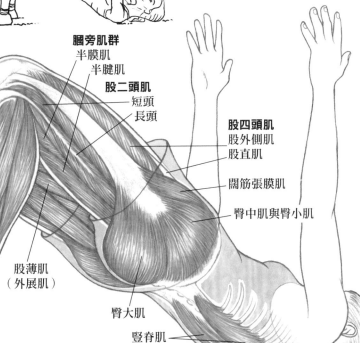

膕旁肌群
半膜肌
半腱肌

股二頭肌
短頭
長頭

股四頭肌
股外側肌
股直肌

闊筋張膜肌

臀中肌與臀小肌

脛骨

前脛肌

腓骨長肌

股薄肌（外展肌）

臀大肌

豎脊肌

運動分析	關節一
主要關節	髖關節
關節運動	身體向上：伸展 身體向下：屈曲
主要運動肌	臀大肌 膕旁肌

主要穩定肌

主要穩定肌為豎脊肌、富肌和股四頭肌
其他的身體穩定肌如下：
肩部：旋轉肌群與前三角肌
肩胛骨：下半部與中段的斜方肌、前鋸肌
身體：腰方肌
髖部：臀中肌與臀小肌、深外側旋轉肌群與內收肌群

抗力球：橋式

全身穩定型運動‧推‧封閉鏈運動‧承重運動‧初階到進階技術等級

 這個運動是橋式的進階版本，需要在下肢墊一個抗力球。

動作說明

當你吐氣的時候，伸展髖部，慢慢舉起身體和下背部，保持手臂放鬆。維持拱起的狀態，回到原來的位置，重複操作。

開始前的姿勢與準備

- 身體仰臥並彎曲膝蓋，將小腿放在抗力球上。
- 小腿和膝蓋打開與肩同寬。
- 保持手臂放鬆，自然地放在身體兩側。
- 維持姿勢不左右偏移，脊椎放鬆。腹部輕輕地、穩定的收縮，而不移動脊椎。

小秘訣：如何保持正確姿勢

- 動作保持和緩、穩定。
- 用髖部引導身體的動作。
- 保持膝蓋與髖部同寬。
- 保持肩膀放鬆，胸口敞開，感受手臂下伸展的感覺。

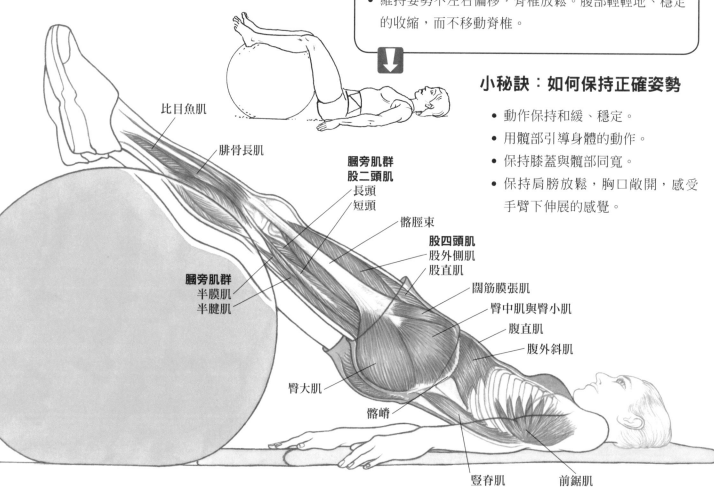

比目魚肌
腓骨長肌
膕旁肌群 股二頭肌
長頭
短頭
髂脛束
股四頭肌
股外側肌
股直肌
闊筋膜張肌
臀中肌與臀小肌
腹直肌
腹外斜肌
膕旁肌群
半膜肌
半腱肌
臀大肌
髂嵴
豎脊肌
前鋸肌

運動分析	關節一
主要關節	髖關節
關節運動	身體向上：伸展 身體向下：屈曲
主要運動肌	臀大肌 膕旁肌

主要穩定肌

主要的穩定肌是豎脊肌、腹肌和股四頭肌
其他的穩定肌如下：
肩胛骨：下半部與中段的斜方肌與前鋸肌
身體：腰方肌
髖部：臀中肌與臀小肌、深外側旋轉肌群與內收肌群

抗力球：側躺舉球

四肢運動，但明顯強調核心穩定·單關節運動·推／拉·開放鏈運動·承重運動·中階到進階技術等級

這個運動相當特殊，將腿部與髖部的動作分開，使兩者的內收肌與外收肌能同時作用。

動作說明

慢慢地將抗力球側舉離地約 2-5 公分，暫停，回到原來的位置，再重複此動作。換邊後再重複上述動作。

運動分析	關節一	關節二
主要關節	髖關節上方	髖關節底部
關節運動	腿部向上：外展 腿部向下：內收	腿部向上：內收 腿部向下：外展
主要運動肌	臀中肌與臀小肌 闊筋膜張肌	內收肌群

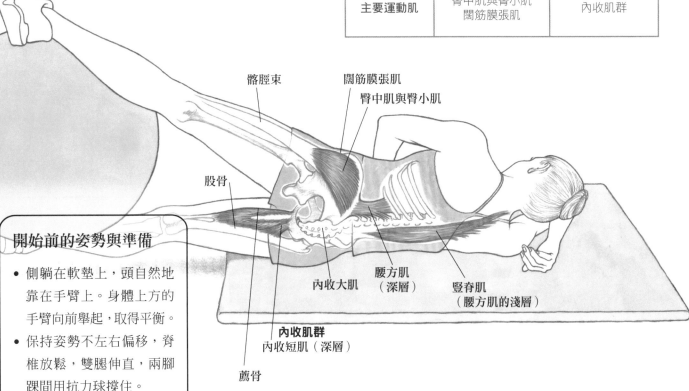

髂脛束　　闊筋膜張肌　　臀中肌與臀小肌

股骨

內收大肌　　腰方肌（深層）　　豎脊肌（腰方肌的淺層）

內收肌群
內收短肌（深層）

薦骨

開始前的姿勢與準備

- 側躺在軟墊上，頭自然地靠在手臂上。身體上方的手臂向前舉起，取得平衡。
- 保持姿勢不左右偏移，脊椎放鬆，雙腿伸直，兩腳踝間用抗力球撐住。

主要穩定肌

在這裡主要用來穩定身體的肌肉是腹肌、豎脊肌和腰方肌
腿部和髖部：臀大肌、膕旁肌和股四頭肌

小秘訣：如何保持正確姿勢

- 進行此運動的時候，避免髖部向前或向後轉動。使用腹肌來穩定脊椎和骨盆。
- 動作和緩，避免產生動量。
- 側舉高度盡量不要超過 5 公分。

髖部外展機

四肢運動·單關節運動·推·開放鏈運動·
運動器材·初階到進階技術等級

一般人相當容易搞混內收機與外展機，但這兩種機械
所訓練的肌肉會一起合作成為穩定肌（尤其是側向）。
所以在同一個階段，最好能夠同時操作這兩種機器。

動作說明

將腿部向外推擠開。暫停一陣子之後，回到原來
的位置，重複上述動作。

小秘訣：如何保持正確姿勢

- 動作和緩，維持適度阻力感。避免產生動量。
- 外展髖部的時候，避免弓起背部。
- 努力感受臀中肌和臀小肌的收縮。不要從腿部
  或膝蓋施力。

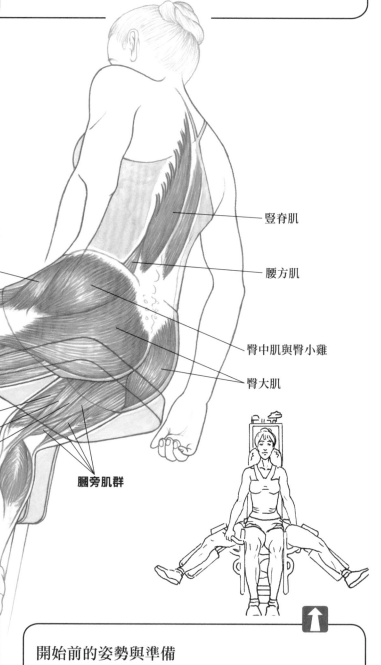

豎脊肌

腰方肌

臀中肌與臀小雞

臀大肌

闊筋膜張肌
髂脛束

股內側肌
縫匠肌
股薄肌

膕旁肌群

運動分析	關節一
主要關節	髖關節
關節運動	向外：外展 向內：內收
主要運動肌	臀中肌與臀小肌

主要穩定肌
腹肌、豎脊肌和腰方肌

開始前的姿勢與準備

- 坐在機器上，兩腿輕輕抵著兩側的軟墊。
- 確實用坐骨坐好，維持胸口敞開，脊椎呈一直線。
- 有些機器會需要鬆開握把，才能定位腿部的位置。

髖部內收機

四肢運動·單關節運動·拉·開放鏈運動·運動器材·初階到進階技術等級

過去因為有「局部瘦身」這個錯誤觀念，讓某些人以為，只要不斷重複訓練某個部位，就能強化肌力、雕塑外型，甚至可以只瘦某一個特定的區域，導致外展機和內收機一度非常熱門。雖然實際上不是如此，但好好運用的話，這兩種機器皆可強化內收肌，使穩定肌更強壯，防止膝蓋內側受傷。

動作說明

腿部夾緊，暫停一段時間，然後回到原來的位置，重複上述動作。

小秘訣：
如何保持正確姿勢

- 動作和緩，維持適度阻力感。避免產生動量。
- 努力感受內收肌群的收縮。不要從腿部施力。

主要穩定肌
腹肌、豎脊肌和腰方肌

運動分析	關節一
主要關節	髖關節
關節運動	向內：內收 向外：外展
主要運動肌	內收肌群：例如恥骨肌、內收短肌、內收長肌、內收大肌、股薄肌

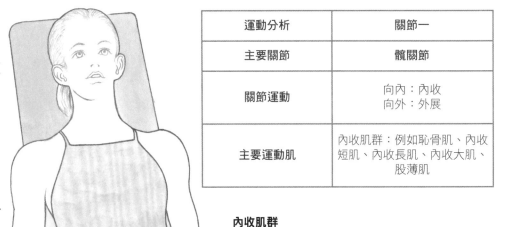

內收肌群
恥骨肌
內收長肌
內收短肌
內收大肌
股薄肌

薦骨　腸骨

股骨
髕骨
脛骨

恥骨聯合
坐骨粗隆

開始前的姿勢與準備

- 坐在機器上，兩腿輕輕抵著兩側的軟墊。
- 確實用坐骨坐好，維持胸口敞開，脊椎呈一直線。
- 有些機器會需要將握把鬆開，才能定位腿部的位置。

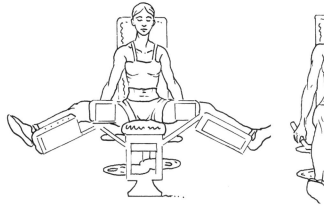

抗力球：
仰臥舉球穩定內收

四肢運動，但明顯強調核心穩定·單關節運動·推／拉·開放鏈運動·承重運動·初階到進階技術等級

➡️ 這項特殊的運動會利用抗力球，整合內收肌群來穩定全身。此運動比傳統的髖部運動更為進階、更具功能性。

動作說明

維持腹部穩定，吐氣的同時，伸展腿部和膝蓋。想要進階一些的話，可以試著將大腿舉離地板超過 45 度。這會讓更多腹肌一起穩定身體，但同時也請注意不要讓背部負擔過大。重複以上動作即可。

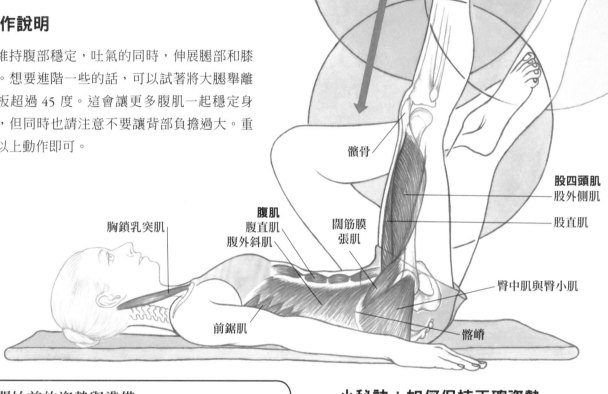

髕骨

股四頭肌
股外側肌
股直肌

臀中肌與臀小肌

髂嵴

腹肌
腹直肌
腹外斜肌

闊筋膜張肌

胸鎖乳突肌

前鋸肌

開始前的姿勢與準備

- 仰臥，髖部與膝蓋維持彎曲，用小腿和腳踝夾住抗力球。
- 保持手臂放鬆，放在身體兩側。
- 維持脊椎放鬆，運用腹肌，輕微地微縮小腹，不要移動脊椎。

小秘訣：如何保持正確姿勢

- 避免產生動量，維持動作和緩、穩定。
- 避免拱肩。保持胸口敞開，頭部與脊椎放鬆，肩胛骨下壓。
- 避免臀部過於緊繃或是過於用力，讓下背部緊貼軟墊；著重於收縮腹肌。

運動分析	關節一	關節二
主要關節	膝關節	髖關節
關節運動	下肢向上：伸展 下肢向下：彎曲	下肢向上：微微伸展 下肢向下：微微彎曲
主要運動肌	股四頭肌	股直肌 髂腰肌

主要穩定肌
主要穩定肌是內收肌群、股四頭肌與腹肌 其他的穩定肌如下： 頸部：胸鎖乳突肌 肩胛骨：前鋸肌、菱形肌和斜方肌下半部 髖部：髂腰肌和股直肌

滑輪機：髖部外展

四肢運動·單關節運動，但明顯強調核心穩定·拉·開放鏈運動·滑輪機·初階到中階技術等級

這項動作在傳統的健身房中相當常見，在功能性穩定的訓練中，比外展機更有挑戰性。

動作說明

緩慢、穩定地外展髖部，將外側腿向外側伸展。到點後停止，慢慢地將腿收回。重複以上動作。然後換腿，重複以上動作。

小秘訣：如何保持正確姿勢

- 降低重心，注意臀中肌與臀小肌的收縮。
- 盡可能保持髖部位於身體的正中垂直線。
- 避免大腿向外旋轉，或是在舉起大腿的時候轉動髖骨。
- 避免產生動量，維持動作和緩、穩定。
- 避免過度外展髖部。

運動分析	關節一
主要關節	髖關節
關節運動	大腿向外：外展 大腿向內：內收
主要運動肌	臀中肌與臀小肌 闊筋膜張肌

主要穩定肌

身體主要的穩定肌是腹肌、豎脊肌、腰方肌和固定腿的腿部肌肉

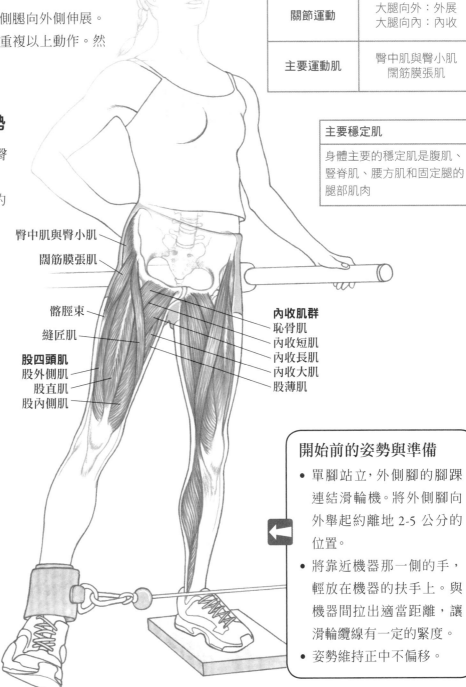

臀中肌與臀小肌
闊筋膜張肌
髂脛束
縫匠肌
股四頭肌
股外側肌
股直肌
股內側肌

內收肌群
恥骨肌
內收短肌
內收長肌
內收大肌
股薄肌

開始前的姿勢與準備

- 單腳站立，外側腳的腳踝連結滑輪機。將外側腳向外舉起約離地 2-5 公分的位置。
- 將靠近機器那一側的手，輕放在機器的扶手上。與機器間拉出適當距離，讓滑輪纜線有一定的緊度。
- 姿勢維持正中不偏移。

俯臥髖部伸展

四肢運動・單關節運動・推・開放鏈運動・
承重運動・初階到中階技術等級

 髖部伸展的範圍，離垂直線只有約 10-15 度左右。
正確地做對這項動作，可有效加強臀部訓練。

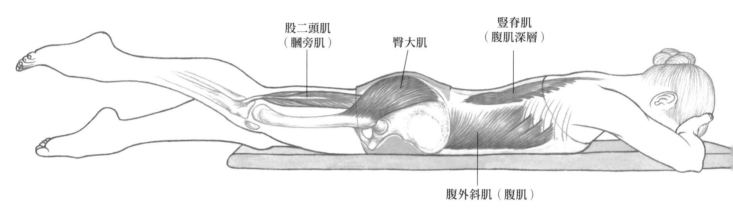

股二頭肌
（膕旁肌）

臀大肌

豎脊肌
（腹肌深層）

腹外斜肌（腹肌）

動作說明

　吐氣的時候，舉起單側腳，使髖部伸展。暫停，回到原來的位置，並重複以上動作即可。

開始前的姿勢與準備

- 俯臥於軟墊上。
- 保持腿部伸展，腳板落在地板上。
- 前額靠在交疊的雙手上。

運動分析	關節一
主要關節	髖關節
關節運動	下肢向上：伸展 下肢向下：彎曲
主要運動肌	臀大肌 膕旁肌

主要穩定肌
上半身的肌肉都是主要的穩定肌，尤其是豎脊肌與腹肌。

小秘訣：如何保持正確姿勢

- 避免因為過度伸展髖部，而用下背部的動作進行代償。髖部只能伸展約 10-15 度。
- 維持動作和緩，避免因動量而有代償動作，或是移動身體和腰部。
- 維持身體和脊椎的穩定。注意腹部的穩定。舉起腿部的時候，保持小腹收緊。

（機械式）俯臥腿部彎舉

四肢運動·單關節運動·拉·開放鏈運動·
運動器材·中階到進階技術等級

➡ 膕旁肌比較弱的女性，膝蓋於伸展膝蓋時較容易受傷。加強鍛鍊膕旁肌並減少髖部的脂肪，會讓臀部看起來比較小。這是極少數的一種局部運動。

小秘訣：如何保持正確姿勢

- 避免產生動量，維持動作和緩、穩定。
- 避免過度伸展膝關節，或是在腿部下降的階段，突然將腿部降下。
- 腹部收縮，避免舉起髖部，甩動身體和下背部。
- 讓膕旁肌收縮以舉起小腿，而不是用腳的力量舉起。避免過度拉住手把，產生動量。
- 腿部舉起時吸氣；放下的時候吐氣。

動作說明

　　彎曲膝蓋，舉起下肢，回到原來的位置，再重複上述動作。

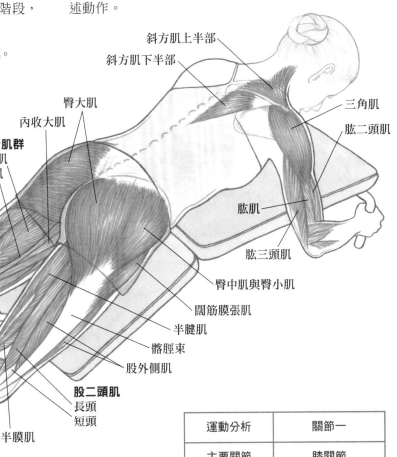

斜方肌上半部
斜方肌下半部
三角肌
肱二頭肌
臀大肌
內收大肌
膕旁肌群
半腱肌
半膜肌
股二頭肌
長頭
短頭
股薄肌
縫匠肌
肱肌
肱三頭肌
臀中肌與臀小肌
闊筋膜張肌
半腱肌
髂脛束
股外側肌
股二頭肌
長頭
短頭
半膜肌
比目魚肌　股薄肌

開始前的姿勢與準備

- 俯臥在機器上，將足部卡在承重軟墊下方。 ➡
- 調整機器，讓膝蓋與機器的支點平行，將橫桿的軟墊，放在腳踝的弧度上。
- 雙手握住側邊的手把。

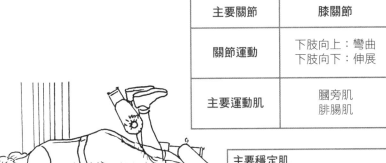

運動分析	關節一
主要關節	膝關節
關節運動	下肢向上：彎曲 下肢向下：伸展
主要運動肌	膕旁肌 腓腸肌

主要穩定肌
身體主要的穩定肌是腹肌 上半身：二頭肌，斜方肌下半部與中段和前鋸肌

抗力球：站姿蹺蹺板動作

全身運動·開放鏈運動·承重運動·中階到進階技術等級

→ 這是比較特殊、要求比較高的動作，需要著重於穩定的能力。這個動作對於加強穩定肌肌力、平衡性、協調度和本體覺能力都有幫助，也能強化下背部、腹肌、髖部與大腿。

動作說明

慢慢地向前轉動髖骨，使身體重心向前傾斜。同一時間，讓一隻腿向後伸展，讓上半身向前倒。直到身體和腿部呈現水平。回到原來的位置，換邊再重複上述動作。

三角肌後半部

豎脊肌

臀大肌

斜方肌下半部

闊背肌

前鋸肌

腹外斜肌

臀中肌與臀小肌

闊筋張膜肌

髂脛束

股外側肌

膕旁肌群
半膜肌
半腱肌
股二頭肌

股薄肌

前脛肌

腓骨長肌

比目魚肌

開始前的姿勢與準備

- 雙腳張開與肩同寬，用雙手和前臂拿住抗力球，高舉過頭。
- 保持身體對正，脊椎放鬆。

小秘訣：如何保持正確姿勢

- 想要降低動作難度的話，可以將站立腳踏在健身平台上，抬高 2-5 公分。
- 盡可能保持胸口和肩膀敞開。
- 全程維持姿勢穩定。
- 同時往兩側伸展身體。

運動分析	關節一
主要關節	髖關節（站立腳）
關節運動	向前：彎曲 向後：伸展
主要運動肌	臀大肌 膕旁肌

主要穩定肌

身體主要的穩定肌是腹肌、豎脊肌、腰方肌和站立腳的腿部肌肉
髖部：臀大肌、抬腿的膕旁肌
上半身：三角肌前部、旋轉肌群、前鋸肌、菱形肌和斜方肌下半部

瑜珈：
前傾股四頭肌伸展

全身運動・開放鏈運動・承重運動・中階到
進階技術等級

這個動作是兼具活化平衡感和本體覺、伸展能力、穩定度與靈活度的肌力訓練。

動作說明

用一隻手握住腳踝，垂直向上伸展對側手臂，並保持肩膀放鬆。將你的重心維持在正中，剛好穿過站立腳的腳板正上方，轉動髖骨，慢慢地讓身體往前傾。讓舉起的腿向後轉動的同時，身體往前傾直到約 15-30 度左右。回到原來位置，換邊再重複上述動作。

小秘訣：如何保持正確姿勢

* 保持胸口和肩膀敞開，姿勢維持正中，脊椎放鬆。
* 全程維持姿勢穩定。
* 同時往兩側伸展身體。

開始前的姿勢與準備

* 維持站姿，膝關節彎曲，翹起小腿。
* 手向後抓住同側的腳踝，將腳踝拉近臀部。

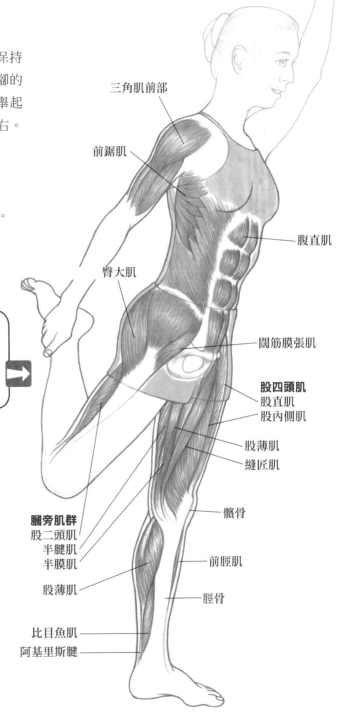

三角肌前部
前鋸肌
腹直肌
臀大肌
闊筋膜張肌
股四頭肌
股直肌
股內側肌
股薄肌
縫匠肌
膕旁肌群
股二頭肌
半腱肌
半膜肌
股薄肌
髕骨
前脛肌
脛骨
比目魚肌
阿基里斯腱

運動分析	關節一
主要關節	髖關節（站立腳）
關節運動	向前：彎曲 向後：伸展
主要運動肌	臀大肌 膕旁肌

主要穩定肌

身體主要的穩定肌是腹肌、豎脊肌、腰方肌和站立腳的腿部肌肉
髖部：臀大肌、抬腿的膕旁肌
上半身：三角肌前部、旋轉肌群、前鋸肌、菱形肌和斜方肌下半部

獨立式小腿上提

四肢運動‧單關節運動‧推‧封閉鏈運動‧
運動器材‧初階到進階技術等級

 即便在家裡，妳也一樣可以簡單地找個階梯的邊緣做
這個動作。想要增加重量的話，試著每次只用單側腳
來做。

動作說明

用力踩腳板，盡可能地舉高腳
跟。暫停並降低腳跟，直到小腿完
全伸展。重複上述動作。

開始前的姿勢與準備

* 將腳趾和腳板前方，腳底比
  較厚的部分，放在台階上。
* 呈站姿，維持姿態不偏移，
  腹肌微收保持穩定。

小秘訣：如何保持正確姿勢

* 避免彎曲或過度伸展膝蓋。
* 放鬆腳趾、減少腳趾出力，
  能夠增強小腿的肌力。

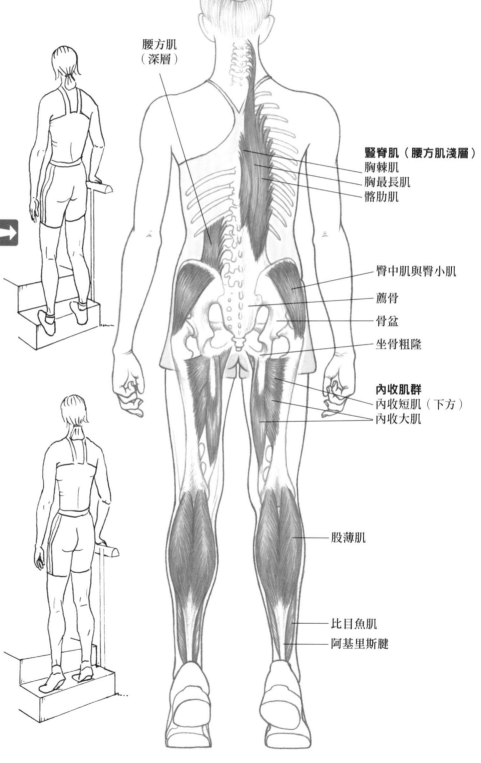

運動分析	關節一
主要關節	踝關節
關節運動	向上：蹠屈 向下：背屈
主要運動肌	腓腸肌 比目魚肌 後脛肌 腓骨長肌

主要穩定肌
身體：豎脊肌、腰方肌和腹肌 腳部與髖部：內收肌、臀中肌與臀 小肌與股四頭肌

圖中標示：
腰方肌（深層）
豎脊肌（腰方肌淺層）
胸棘肌
胸最長肌
髂肋肌
臀中肌與臀小肌
薦骨
骨盆
坐骨粗隆
內收肌群
內收短肌（下方）
內收大肌
股薄肌
比目魚肌
阿基里斯腱

坐姿提小腿機

四肢運動・單關節運動・推・封閉鏈運動・
運動器材・中階到進階技術等級

這個動作和站立的版本有點不同，這個版本比較強調小腿的比目魚肌，另外由於膝蓋彎曲，解剖結構的關係，腓腸肌會被動伸展。

動作說明

用力踩腳跟，讓小腿肌有最大幅度的伸展。

小秘訣：如何保持正確姿勢

* 調整機器，讓小腿能最大程度地伸展。
* 放鬆腳趾、減少腳趾出力，能夠增強小腿的肌力。

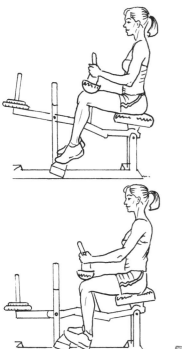

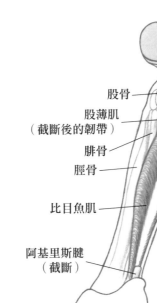

豎脊肌（淺層）
腰方肌（深層）
股骨
股薄肌（截斷後的韌帶）
腓骨
脛骨
比目魚肌
阿基里斯腱（截斷）

開始前的姿勢與準備

* 坐在坐墊上，確實以坐骨坐好，脊椎維持正中位置。
* 將腳趾和腳板前方，腳底比較厚的部分，放在台階上。
* 將小腿放在承重墊下，用握桿將軟墊推向大腿。機器應該要能有所調整，使軟墊在動作全程提供足夠的阻力。然後手臂放鬆，撐住握桿。
* 維持姿態不偏移，腹肌微收保持穩定。

運動分析	關節一
主要關節	腳踝
關節運動	向上：蹠屈 向下：背屈
主要運動肌	腓腸肌 比目魚肌 後脛肌 腓骨長肌

主要穩定肌

身體的穩定，受到腹肌、豎脊肌、下半部與中段斜方肌和菱形肌的些微影響

背部與肩部

背部與肩部肌肉有四層明顯分層，是全身肌肉分層最複雜的地方，因此能適應各種不同動作需求。

比起一般男性，女性的骨架胸廓較小，骨盆較寬。因此女性的上半身比例較小、圓肩、臀部比例較大。如果胸口持續收攏（駝背），且背部中段的穩定肌較弱，會減弱胸肌的肌力，導致頸部疼痛。時間一長，會影響全身的姿勢和穩定，呼吸變得比較吃力，也會影響消化功能。

腿部肌肉是身體移動時主要會用到的肌肉，也是身體姿勢的基礎，但背肌與腹肌也是所有上半身運動的根基。這些肌肉負責固定身體、維持身體穩定，以做出上半身的各種動作。

舉例來說，彎腰駝背會讓我們看起來無精打采，缺乏自信。當我們試著「打開」胸懷，會更自信、充滿智慧且冷靜地接受這個世界的挑戰。這也說明了維持背部健康的重要性，背如果健康，人生光明美好。

背部與肩部主要的肌肉

肌肉名	跨過的關節	肌肉起點	肌肉止點	肌肉動作
豎脊肌	脊柱的長度	後髂嵴與薦骨	肋骨角，每根肋骨的橫突	脊椎伸展
闊背肌	肩關節	後髂嵴與薦骨、腰椎棘突和最下方的六塊胸椎	肱骨內側緣	肩膀：內收、伸展、內旋、水平外展
斜方肌：由上、中、下三個部分的肌纖維組成	椎體到肩胛骨	枕骨、頸椎與胸椎棘突	肩峰突、肩胛棘與肩胛骨外側三分之一處	合力：主要的作用為拉住肩胛骨分開：上纖維：提起肩胛骨；中間纖維：肩胛骨內收（收回）；下纖維：肩胛骨下壓、上旋
菱形肌	椎體到肩胛骨	最下方的頸椎與前五塊胸椎的棘突	肩胛骨內側緣，肩胛棘下方	肩胛骨：內收（收回）、下旋
提肩胛肌	頸椎到肩胛骨	前四塊胸椎的橫突	肩胛骨內側緣	提起肩胛骨
大圓肌	肩關節	肩胛骨後方內側外緣	肱骨內側緣	肩膀：伸展、內旋、內收
三角肌：由前、中、後三部分的肌纖維組成	肩關節	後側肌纖維：肩胛棘下緣 中段肌纖維：肩峰外側 前方肌纖維：鎖骨前外側三分之一處	肱骨外側	主要是肩部外展 下纖維：肩部伸展、水平外展與側旋 中段纖維：肩部外展 前纖維：收緊肩部、水平內收與內旋

肌肉名	跨過的關節	肌肉起點	肌肉止點	肌肉動作
前鋸肌	肩關節	最上方的八根肋骨，側邊胸廓處	肩胛骨內緣前方	肩胛骨：外展、上旋
腰方肌	從脊椎到骨盆	髂嵴下方內側面	前四塊腰椎的橫突與第十二根肋骨的下緣	身體側彎：提起骨盆（站立時）

旋轉肌群的肌肉

肌肉名	跨過的關節	肌肉起點	肌肉止點	肌肉動作
棘上肌	肩關節	棘上窩	肱骨大轉子的邊緣	肩部外展（最剛開始的前 15 度角）
棘下肌	肩關節	棘下窩內側的肩胛骨下表面，正好於肩胛棘下方	肱骨大轉子的邊緣	肩部：外旋、水平外展、伸展
小圓肌	肩關節	肩胛骨外側緣的後方、上方與中段	肱骨大轉子的邊緣	肩部：外旋、水平外展、伸展
肩胛下肌	肩關節	肩胛下窩的前表面	肱骨小轉子的邊緣	肩部：內旋、內收、伸展

注意：整體而言，這些肌肉提供了肩關節額外的穩定性。個別而言，這些肌肉會以下列這幾個例子的方式運作：

- 側邊展開手臂時，保持微微地內旋，可強化棘上肌。
- 任何下拉的動作都會用到棘下肌和小圓肌。例如：手臂於身體兩側拉扯的動作，或是引體向上等。
- 保持內旋的阻力，慢慢地將手臂放回身體側邊，能夠強化肩胛下肌。

相關動作

1. 滑輪機：前外側下拉，第 94 頁
2. 引體向上輔助架，第 96 頁
3. 站姿滑輪下拉，第 97 頁
4. 站姿滑輪反握下拉，第 98 頁
5. 坐姿滑輪划船，第 99 頁
6. 輔助型前彎划船機，第 100 頁
7. 啞鈴：俯身划船，第 101 頁
8. 抗力球：俯臥背部伸展，第 102 頁
9. 背部伸展機，第 103 頁
10. 抗力球：手腳交叉上舉，第 104 頁
11. 肩部推舉機，第 106 頁
12. 坐姿啞鈴肩推，第 107 頁
13. 站姿啞鈴側平舉，第 108 頁
14. 後三角肌訓練機，第 109 頁
15. 抗力球：坐姿前彎側舉啞鈴，第 110 頁
16. 練力帶：穩定旋轉肌，第 111 頁

滑輪機：前外側下拉

核心運動·複合運動／多關節運動·拉·開
放鏈運動·運動器材·初階到進階技術等級

→ 外側下拉是最能完整運動到上半身的動作，而且還能
有多種變化。比起其他傳統的版本來說，這個版本更
適合功能性鍛鍊，也有人會把橫桿向後拉到頸部。

動作說明

稍微向後傾，將橫桿向下拉到前胸。暫停一陣
子後，重複以上動作。

小秘訣：如何保持正確姿勢

- 避免產生動量，維持動作和緩、穩定，將動
  作範圍做到最大。
- 運動過程中避免拱肩、縮肩。保持胸口敞
  開，肩胛骨下壓。
- 以坐骨為支點稍微向後傾，不僅能更完整地
  完成下拉的動作，還可運用到腹肌。
- 下拉的時候吸氣。

開始前的姿勢與準備

- 以坐骨穩穩地坐著，胸口敞開，維持脊椎正中。
- 將膝蓋放在軟墊包覆的擋板下。
- 雙手握住橫桿的位置，稍微拉開。
- 調整位置，坐在支撐桿正下方。

主要穩定肌
身體：腹肌和豎脊肌
肩關節：旋轉肌群
肩胛骨：前鋸肌、菱形肌和斜方肌下半部
前臂：屈腕肌

運動分析	關節一	關節二	關節三
主要關節	肘關節	肩關節	肩胛胸廓關節
關節運動	向下：屈曲 向上：伸展	向下：內收、部分伸展 向上：外展、部分屈曲	向下：下旋、內收、下壓 向上：上旋、外展、提起
主要運動肌	肱二頭肌 肱肌 肱橈肌	闊背肌 大圓肌 胸大肌 三角肌後側	菱形肌 斜方肌

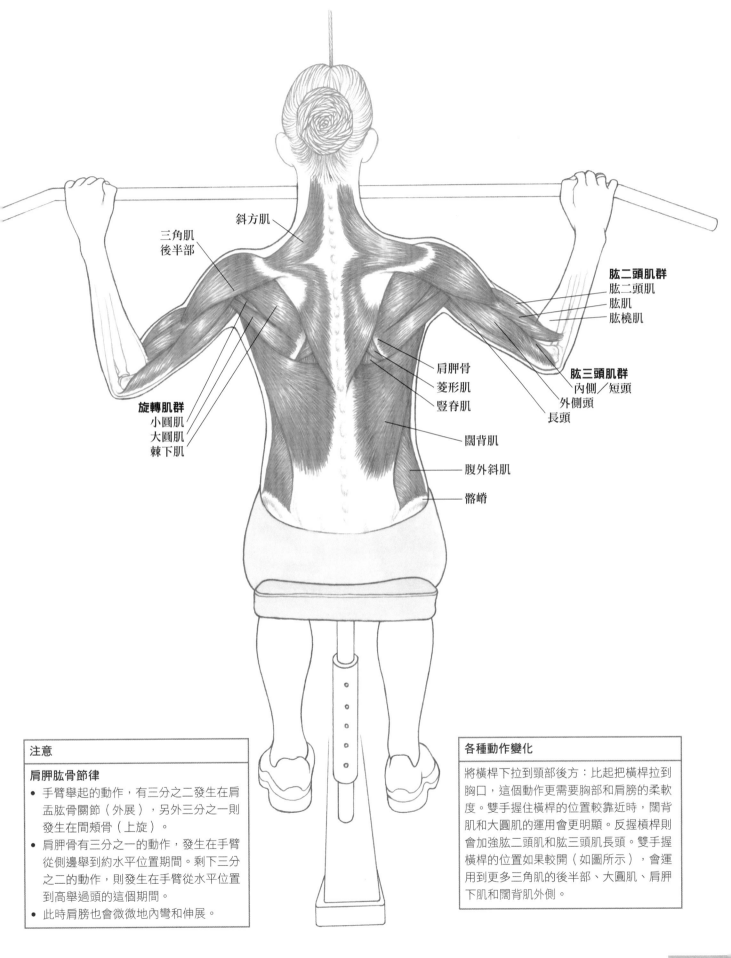

斜方肌

三角肌
後半部

肱二頭肌群
肱二頭肌
肱肌
肱橈肌

肩胛骨
菱形肌
豎脊肌

肱三頭肌群
內側／短頭
外側頭
長頭

旋轉肌群
小圓肌
大圓肌
棘下肌

闊背肌

腹外斜肌

髂嵴

注意

肩胛肱骨節律

- 手臂舉起的動作，有三分之二發生在肩盂肱骨關節（外展），另外三分之一則發生在間頰骨（上旋）。
- 肩胛骨有三分之一的動作，發生在手臂從側邊舉到約水平位置期間。剩下三分之二的動作，則發生在手臂從水平位置到高舉過頭的這個期間。
- 此時肩膀也會微微地內彎和伸展。

各種動作變化

將橫桿下拉到頸部後方：比起把橫桿拉到胸口，這個動作更需要胸部和肩膀的柔軟度。雙手握住橫桿的位置較靠近時，闊背肌和大圓肌的運用會更明顯。反握槓桿則會加強肱二頭肌和肱三頭肌長頭。雙手握橫桿的位置如果較開（如圖所示），會運用到更多三角肌的後半部、大圓肌、肩胛下肌和闊背肌外側。

引體向上輔助架

核心運動·複合運動／多關節運動·拉·開放鏈運動·運動器材·中階到進階技術等級

這種特殊的運動器材能夠讓你選擇適合的重量，來抵銷自身的體重。選擇的重量越大，做起來越輕鬆。當你漸漸進步，變得更加有力時，可以慢慢地減少機器支撐的重量，舉起更大比例的體重。

動作說明

稍微向後傾，引導胸口向上，將自己拉近機器。暫停一下後，回到原來的位置，重複此動作。

小秘訣：如何保持正確姿勢

- 避免產生動量，維持動作和緩穩定，使動作範圍做到最大。
- 運動過程中避免拱肩、縮肩。保持胸口敞開，肩胛骨下壓。
- 身體微微向後傾，不僅能更完整完成下拉的動作，還會運用到腹肌。
- 下拉的時候吸氣。

開始前的姿勢與準備

- 先踏上機器的平台，把一邊的膝蓋放在軟墊上。手放在握把上，把身體拉起來的同時，也把另一邊的膝蓋放上支撐墊。
- 將手臂伸展開後，慢慢地將自己降回準備位置，肩膀放鬆、肩胛骨下壓，抵住肋骨。

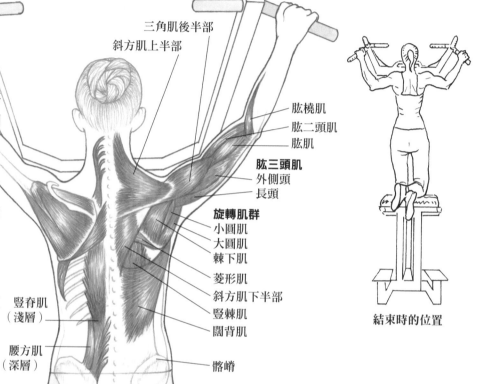

三角肌後半部
斜方肌上半部
肱橈肌
肱二頭肌
肱肌
肱三頭肌
外側頭
長頭
旋轉肌群
小圓肌
大圓肌
棘下肌
菱形肌
斜方肌下半部
豎棘肌
闊背肌
豎脊肌（淺層）
腰方肌（深層）
髂嵴

結束時的位置

主要穩定肌

身體：腹肌和豎脊肌
肩關節：旋轉肌群
肩胛骨：前鋸肌、菱形肌和斜方肌下半部
前臂：屈腕肌

運動分析	關節一	關節二	關節三
主要關節	肘關節	肩關節	肩胛胸廓關節
關節運動	向下：屈曲 向上：伸展	向下：內收、部分伸展 向上：外展、部分屈曲	向下：下旋、內收、下壓 向上：上旋、外展、提起
主要運動肌	肱二頭肌 肱肌 肱橈肌	闊背肌 大圓肌 胸大肌 三角肌後側	菱形肌 斜方肌

站姿滑輪下拉

四肢運動，但明顯強調核心穩定·單關節運動·拉·封閉鏈運動·運動器材·中階到進階技術等級

這項運動又被稱為直臂下拉，對於增強腹肌、前鋸肌和斜方肌下半部等姿勢穩定肌特別有效。值得注意的是，動作的品質，比舉起多少重量更為重要。

動作說明

保持手臂伸直，下拉滑輪，直到肩膀伸展開呈一直線。暫停一下後，回到原來的位置，重複此動作。

小秘訣：如何保持正確姿勢

- 避免產生動量，維持動作和緩穩定、動作範圍做到最大。
- 過程中避免拱肩、縮肩。保持胸口敞開，肩胛骨下壓。
- 保持手肘放鬆，不要顯得僵硬或是過度伸展。
- 保持身體穩定，姿勢維持正中，脊椎放鬆。動作進行到一半的時候，應該可以強烈地感受到腹肌用力。

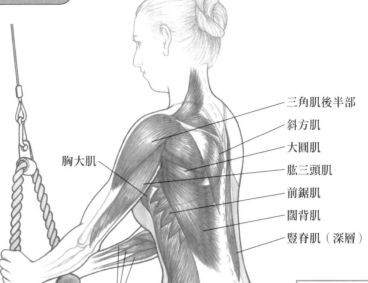

- 三角肌後半部
- 斜方肌
- 大圓肌
- 肱三頭肌
- 前鋸肌
- 闊背肌
- 豎脊肌（深層）

胸大肌

屈腕肌

主要穩定肌

髖關節與腿部：臀大肌與主要的腿部肌肉
身體：腹肌與豎脊肌
肩關節：旋轉肌群
肩胛骨：前鋸肌、菱形肌和斜方肌下半部
手臂：肱三頭肌
前臂：屈腕肌

開始前的姿勢與準備

- 面向高掛的拉環，一腳向前，將大約七成的體重落在前腳，能夠維持比較好的平衡。
- 適度地握住拉環（或是握把），雙手的距離比肩膀微寬。
- 保持姿勢不偏移，維持脊椎在正中位置。

運動分析	關節二
主要關節	肩關節
關節運動	向下：伸展 向上：屈曲
主要運動肌	闊背肌 大圓肌 胸大肌 三角肌後側

站姿滑輪反握下拉

四肢運動·單關節運動·拉·封閉鏈運動·
運動器材·中階到進階技術等級

這項背部運動強調功能性，結合了腿部肌肉與腹肌的穩定力以及背部與手臂的肌力。比起傳統滑輪划船或是側邊下拉的動作，會用到更多肱二頭肌。

動作說明

彎曲手肘，將拉環（或拉桿）往胸口下方拉。慢慢地回到原來的位置，重複以上動作。

菱形肌
旋轉肌群
棘上肌
棘下肌
小圓肌
大圓肌
闊背肌
肱三頭肌群

三角肌
後半部

肱二頭肌群
肱二頭肌
肱肌

小秘訣：如何保持正確姿勢

- 避免產生動量，維持動作和緩穩定，將動作範圍做到最大。
- 運動過程中避免拱肩、縮肩。保持胸口敞開，肩胛骨下壓。
- 保持身體穩定，維持姿勢和脊椎對正，當運動進行到一半的時候，妳應該可以感覺到腹部穩定肌強烈收縮。
- 把橫桿拉近胸口時吐氣，放鬆的時候吸氣。

開始前的姿勢與準備

- 面向高掛的拉環，一腳向前，將大約七成的體重落在前腳，能夠維持比較好的平衡。
- 用反握的方式握住短槓，雙手的距離比肩膀微寬。
- 保持姿勢不偏移，維持脊椎在正中位置。

主要穩定肌
髖部和腿部：臀大肌和腿部的肌肉 身體：腹肌和豎脊肌 肩關節：旋轉肌群 肩胛骨：前鋸肌、菱形肌和斜方肌下半部 前臂：屈腕肌

運動分析	關節一	關節二
主要關節	肩關節	肘關節
關節運動	向下：伸展 向上：屈曲	向下：屈曲 向上：伸展
主要運動肌	闊背肌 大圓肌 胸大肌 三角肌後側	肱二頭肌 肱肌 肱橈肌

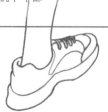

坐姿滑輪划船

核心運動·複合運動／多關節運動·拉·開
放鏈運動·運動器材·中階到進階技術等級

 低位的拉繩划船動作，直到 1940 年代晚期才首次出現。這項運動一直是高效複合式背部運動的主流。

動作說明

將橫桿下拉到腰部的位置，保持胸口敞開、肩膀與手肘往後拉。慢慢地回到原來的位置，重複以上動作。

小秘訣：如何保持正確姿勢

- 避免產生動量，維持動作和緩穩定，將動作範圍做到最大。
  - 運動過程中避免拱肩、縮肩。保持胸口敞開，肩胛骨下壓。
  - 避免背部中段與下背部拱起。
  - 向後拉的時候吸氣。

淺層肌肉
斜方肌
三角肌後半部

肱二頭肌群
肱二頭肌
肱肌
肱橈肌

深層肌肉
提肩胛肌
棘上肌
菱形肌

旋轉肌群
棘下肌
小圓肌
大圓肌

前鋸肌
闊背肌
腰方肌
腹外斜肌
骨盆
薦骨
股骨

開始前的姿勢與準備

- 坐在機器的坐墊上，用封閉式的方式握住橫桿，膝蓋微彎。
- 用坐骨向後坐，維持胸口敞開，脊椎在正中位置。
- 保持膝蓋微彎。

運動分析	關節一	關節二	關節三
主要關節	肘關節	肩關節	肩胛胸廓關節
關節運動	向後：屈曲 向前：伸展	向後：伸展 向前：屈曲	向後：內收 向前：外展
主要運動肌	肱二頭肌 肱肌 肱橈肌	闊背肌 大圓肌 三角肌後側	菱形肌 斜方肌

主要穩定肌

髖部和腿部：膕旁肌、臀肌和內收肌群
身體：腹肌和豎脊肌
肩關節：旋轉肌群
肩胛骨：前鋸肌、菱形肌和斜方肌下半部
前臂：屈腕肌

輔助型前彎划船機

核心運動·複合運動/多關節運動·拉·開放鏈運動·運動器材·中階到進階技術等級

 這項運動在器材的支撐下，能有效感受「自由重量」訓練。

動作說明

將橫桿拉到胸部，保持胸口敞開，肩膀與手肘往後拉。慢慢地回到原來的位置，重複以上動作。

斜方肌
三角肌後半部
菱形肌
大圓肌
肱二頭肌
肱肌
肱橈肌
闊背肌
薦骨

內收肌群
內收短肌
內收大肌
股薄肌

股骨

膕旁肌
半腱肌
股二頭肌（長頭）
半膜肌
股二頭肌（短頭）

腓骨
脛骨

開始前的姿勢與準備

- 身體前傾靠在平台上，雙手握住橫桿。
- 保持胸口敞開，脊椎維持對中。
- 保持膝蓋微彎。

小秘訣：如何保持正確姿勢

- 避免產生動量，維持動作和緩穩定，將動作範圍做到最大。
- 運動過程中避免拱肩、縮肩。保持胸口敞開，肩胛骨下壓。
- 避免背部中段與下背部拱起。
- 向後拉的時候吸氣。

運動分析	關節一	關節二	關節三
主要關節	肘關節	肩關節	肩胛胸廓關節
關節運動	向後：屈曲 向前：伸展	向後：伸展 向前：屈曲	向後：內收 向前：外展
主要運動肌	肱二頭肌 肱肌 肱橈肌	闊背肌 大圓肌 三角肌後側	菱形肌 斜方肌

主要穩定肌

髖部和腿部：膕旁肌、臀肌以及內收肌群
身體：腹肌和豎脊肌
肩關節：旋轉肌群
肩胛骨：前鋸肌、菱形肌和斜方肌下半部
頸部：頭夾肌和頸部肌肉
前臂：屈腕肌

啞鈴：俯身划船

核心運動，但更強調穩定度·複合運動／多關節運動·拉·封閉鏈運動·啞鈴·中階到進階技術等級

➡ 動作正確的話，這項運動會是效率最高、最能夠完整鍛鍊上半身的運動，同時可強化穩定姿勢的肌肉和運動肌肉。

動作說明

將啞鈴拉到腰部上方，收緊肩胛骨。慢慢地回到原來的位置，重複以上動作。

小秘訣：如何保持正確姿勢

- 避免產生動量，維持動作和緩穩定，動作範圍做到最大。
- 運動過程中，避免拱肩、縮肩。保持胸口敞開，肩胛骨下壓。
- 避免背部中段與下背部拱起，保持骨盆與脊椎位置正中。
- 向上的時候吸氣。

開始前的姿勢與準備

- 正手握住啞鈴後舉起，維持穩定的深蹲姿勢。➡

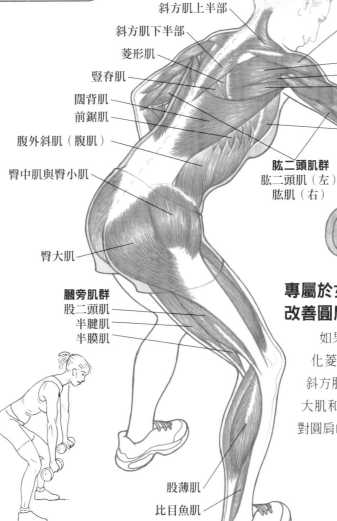

斜方肌上半部
斜方肌下半部
菱形肌
豎脊肌
闊背肌
前鋸肌
腹外斜肌（腹肌）
臀中肌與臀小肌
臀大肌
膕旁肌群
股二頭肌
半腱肌
半膜肌

三角肌後半部
旋轉肌群
棘下肌
小圓肌
大圓肌
胸大肌
肱二頭肌群
肱二頭肌（左）
肱肌（右）

股薄肌
比目魚肌

專屬於女性的訓練小秘訣：改善圓肩

如果妳有圓肩的現象，強化菱形肌、中段和下段的斜方肌是很重要的，伸展胸大肌和胸小肌也有幫助。這對圓肩的人是很理想的運動。

運動分析	關節一	關節二	關節三
主要關節	肘關節	肩關節	肩胛胸廓關節
關節運動	向後：屈曲 向前：伸展	向後：伸展 向前：屈曲	向後：內收 向前：外展
主要運動肌	肱二頭肌 （部分作用）	闊背肌 大圓肌 三角肌後側 棘下肌 小圓肌	菱形肌 斜方肌

主要穩定肌

腿部：膕旁肌、臀肌、內收肌群和股直肌
身體：腹肌和豎脊肌
肩關節：旋轉肌群
肩胛骨：前鋸肌、菱形肌和斜方肌下半部
前臂：屈腕肌
頸部：頭夾肌和頸部肌肉

抗力球：俯臥背部伸展

四肢運動·複合運動/多關節運動·拉·開
放鏈運動·承重運動·中階到進階技術等級

 最初生產抗力球這種健身房專用器材的是義大利 Con-sani 塑膠廠，時間為 1960 年代前期。

動作說明

固定抗力球，從髖部伸展上半身。請特別著重於脊椎的動作。慢慢回到原來的位置，重複以上動作。如果要降低動作難度，可將抗力球放在腰部；若想提高動作難度，可以將抗力球放在臀部的位置，或是將手臂放在頭後面。

小秘訣：如何保持正確姿勢

- 避免產生動量，維持動作和緩、穩定，將動作範圍做到最大。
- 動作向上的時候吸氣。

運動分析	關節一
主要關節	脊椎
關節運動	向上：伸展 向下：屈曲
主要運動肌	豎棘肌

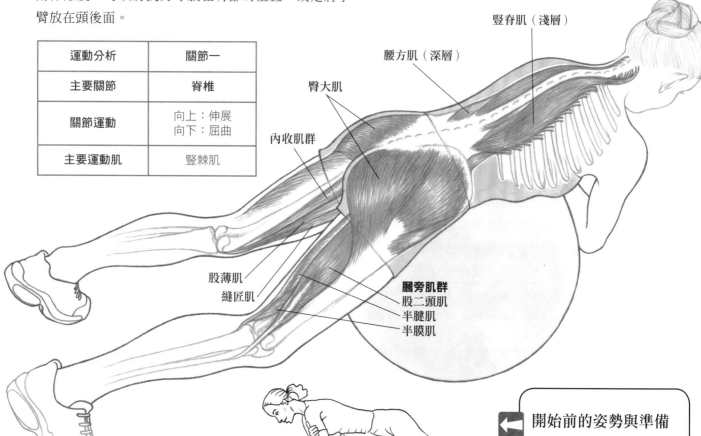

豎脊肌（淺層）
腰方肌（深層）
臀大肌
內收肌群
股薄肌
縫匠肌
膕旁肌群
股二頭肌
半腱肌
半膜肌

開始前的姿勢與準備

- 俯臥，將抗力球放在髖部下方。
- 運用腹肌的穩定力，收緊小腹。
- 雙腳分開與肩同寬，雙腳著地，膝蓋微彎。
- 手臂交叉抱住胸口。

主要穩定肌

腿部：膕旁肌、臀肌、內收肌群和腿部的股直肌
身體：腹肌、闊背肌、腰方肌和豎脊肌
肩胛骨：前鋸肌、菱形肌和斜方肌下半部
頸部：頭夾肌和頸部肌肉

背部伸展機

四肢運動・複合運動／多關節運動・拉・開放鏈運動・承重運動・中階到進階技術等級

背部伸展機可以做出兩種完全不同，卻一樣有效的運動。這兩項運動都作用於背部，在此一併介紹。如圖雙手抱胸的話，可以提升這個運動的難度。

胸廓

豎脊肌

臀大肌

股二頭肌（膕旁肌）

動作說明

版本一：盡可能地彎腰，將身體放低，貼近地板。保持背部呈一直線（參考下圖）。舉起上半身，回到原本的位置，直到身體和腿部平行。重複以上動作。

版本二：拱起脊椎，彎曲髖部，將身體放低貼近地板。這裡強調的是脊椎的動作。以相反的順序，回到原本位置，重複以上動作。

開始前的姿勢與準備

- 呈俯臥姿。
- 將腳跟卡在軟墊下，大腿抵著軟墊。
- 將髖骨放在軟墊上。
- 動作向上的時候吸氣。

小秘訣：如何保持正確姿勢

- 避免產生動量，維持動作和緩、穩定，將動作範圍做到最大。
- 運用腹肌穩定身體，微收小腹。
- 動作向上的時候吸氣。

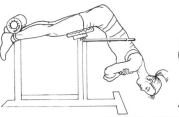 

主要穩定肌
版本一
腿部：腿部的股直肌
身體：腹肌和豎脊肌
肩胛骨：前鋸肌、菱形肌和斜方肌下半部
頸部：頭夾肌和頸部肌肉
版本二
腿部：膕旁肌、臀肌、內收肌群和腿部股直肌
身體：腹肌和豎脊肌
頸部：頭夾肌和頸部肌肉

運動分析	關節一	關節二	關節三
	版本一	版本二	
主要關節	髖關節	脊椎	髖關節
關節運動	向上：伸展 向下：屈曲	向上：伸展 向下：屈曲	向上：伸展 向下：屈曲
主要運動肌	臀大肌 膕旁肌	豎棘肌	臀大肌 膕旁肌

抗力球：手腳交叉上舉

核心運動·複合運動/多關節運動·推·封
閉鏈運動·承重運動·中階到進階技術等級

慢性下背痛是最常造成美國人運動障礙的因素。這項
動作被運用於引導結構性下背部外傷患者的復健計劃
中，也是預防下背痛的絕佳運動。

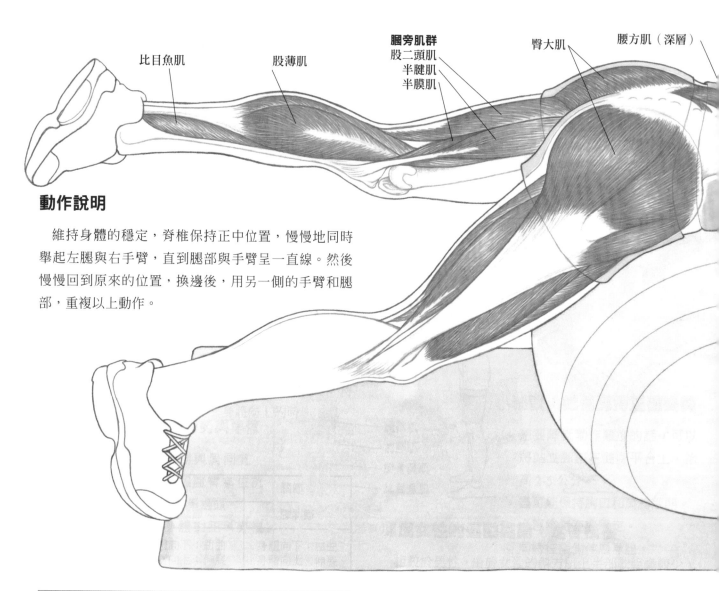

比目魚肌　　股薄肌　　**膕旁肌群**　　臀大肌　　腰方肌（深層）
　　　　　　　　　　　股二頭肌
　　　　　　　　　　　半腱肌
　　　　　　　　　　　半膜肌

動作說明

維持身體的穩定，脊椎保持正中位置，慢慢地同時
舉起左腿與右手臂，直到腿部與手臂呈一直線。然後
慢慢回到原來的位置，換邊後，用另一側的手臂和腿
部，重複以上動作。

運動分析	關節一	關節二
主要關節	肩關節（舉起的手臂）	髖關節（舉起的腿）
關節運動	向上：屈曲 向下：伸展	向上：伸展 向下：屈曲
主要運動肌	三角肌後側	臀大肌 膕旁肌

主要穩定肌

對側手臂的肌肉（主要是三頭肌）和腿部
身體：腹肌、腰方肌、豎脊肌、內收肌群、臀中
肌和臀小肌
肩關節：旋轉肌群
肩胛骨：前鋸肌、菱形肌和斜方肌
頸部：頭夾肌和頸部肌肉

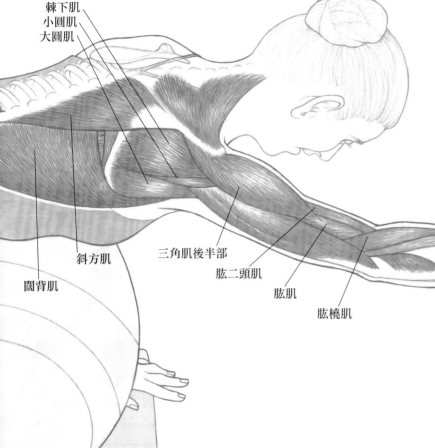

旋轉肌群
棘下肌
小圓肌
大圓肌

斜方肌

闊背肌

三角肌後半部

肱二頭肌

肱肌

肱橈肌

- 避免產生動量，維持動作和緩、穩定，將動作範圍做到最大。
- 運動過程中避免拱肩、收緊或扭動中段和下半段的背部。保持骨盆與脊椎位置正中。
- 保持腿部放鬆，用腰部稍微向前推擠抗力球。
- 保持胸口敞開，肩胛骨下壓。
- 如果妳無法維持身體穩定，試著以俯臥在地的方式做這個動作，或是將手和腳的動作分開進行。
- 向上的時候吸氣。

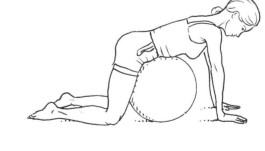

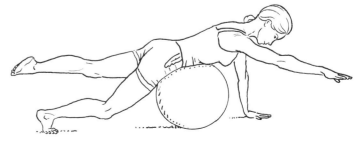

開始前的姿勢與準備

- 俯臥在抗力球上（將抗力球擺在腰部）。手放在肩膀正下方，膝蓋微彎，雙腳放在地上與肩同寬。抗力球的尺寸稍小於一般的球會比較好用。
- 脊椎的位置保持正中，運用腹肌維持身體穩定，微收小腹。
- 胸口敞開，盡可能下壓、打開肩胛骨。運用前鋸肌，保持肩胛骨抵住背部。

肩部推舉機

核心運動·複合運動／多關節運動·推·封閉鏈運動·運動器材·中階到進階技術等級

當手臂從水平狀態外展與伸展時,是肩膀最容易受傷的時候。因此,做高舉過頭的推舉動作時,應該放慢速度。肩部推舉機對新手是個友善的選擇。

小秘訣:如何保持正確姿勢

- 避免產生動量,維持動作和緩、穩定,將動作範圍做到最大。
- 運動過程中避免拱肩、圓肩。
- 保持胸口敞開,肩胛骨下壓。
- 向上的時候吸氣。妳多半會在用力推舉的時候吐氣,但在重量較重的推舉向上時吸氣,有助於「鎖住」力量(例如:增加腹內壓)。保持肩膀開展,避免脊椎彎曲。

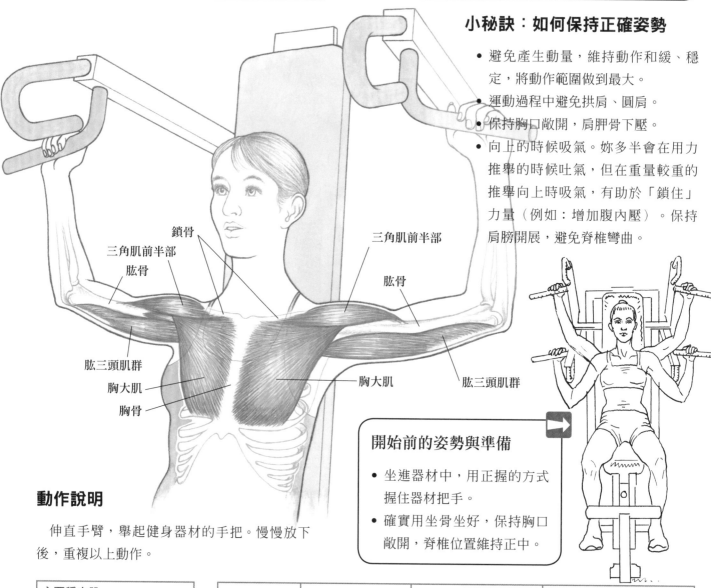

鎖骨
三角肌前半部
肱骨
三角肌前半部
肱骨
肱三頭肌群
胸大肌
胸骨
胸大肌
肱三頭肌群

動作說明

伸直手臂,舉起健身器材的手把。慢慢放下後,重複以上動作。

開始前的姿勢與準備

- 坐進器材中,用正握的方式握住器材把手。
- 確實用坐骨坐好,保持胸口敞開,脊椎位置維持正中。

主要穩定肌
身體:腹肌與豎脊肌 肩關節:肩關節旁的旋轉肌群 肩胛骨:前鋸肌、菱形肌和斜方肌上半與下半部 前臂:屈腕肌

運動分析	關節一	關節二	關節三
主要關節	肘關節	肩關節	肩胛胸廓關節
關節運動	向上:伸展 向下:屈曲	向上:外展、屈曲 向下:內收、伸展	向上:上旋 向下:下旋
主要運動肌	肱三頭肌 肘肌	三角肌 胸大肌(鎖骨側)	前鋸肌 斜方肌

坐姿啞鈴肩推

核心運動·複合運動／多關節運動·推·
封閉鏈運動·啞鈴·初階到進階技術等級

相對於使用健身器材的版本，這項運動更需要背部和肩部穩定肌的力量，同時肩膀的肌肉也需要有更大的活動範圍。

動作說明

伸展手臂，舉起啞鈴並保持兩隻手的前臂平行，例如：不要讓兩個啞鈴相互碰撞。慢慢放下後，重複以上動作。

小秘訣：如何保持正確姿勢

- 避免產生動量，維持動作和緩、穩定，將動作範圍做到最大。
- 運動過程中避免拱肩、圓肩，保持胸口敞開，肩胛骨下壓。
- 向上的時候吸氣。妳多半會在用力推舉的時候吐氣，但在重量較重的推舉向上時吸氣，有助於「鎖住」力量（例如：增加腹內壓）。保持肩膀開展，避免脊椎彎曲。

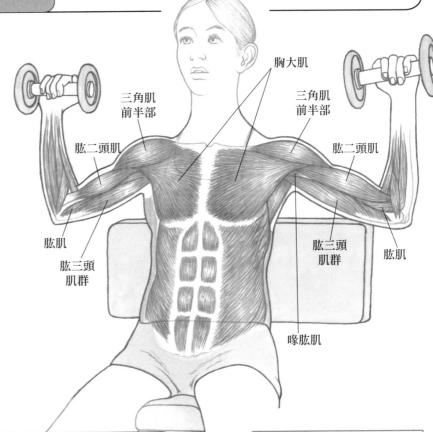

胸大肌
三角肌前半部
肱二頭肌
肱肌
肱三頭肌群
三角肌前半部
肱二頭肌
肱三頭肌群
肱肌
喙肱肌

開始前的姿勢與準備

- 坐進器材中，在肩膀的高度握住啞鈴，手掌朝前。
- 用坐骨坐好，保持胸口敞開，脊椎位置維持正中。

主要穩定肌

身體：腹肌與豎脊肌
肩關節：肩關節旁的旋轉肌群
肩胛骨：前鋸肌、菱形肌和斜方肌上半與下半部
前臂：屈腕肌

運動分析	關節一	關節二	關節三
主要關節	肘關節	肩關節	肩胛胸廓關節
關節運動	向上：伸展 向下：屈曲	向上：外展、屈曲 向下：內收、伸展	向上：上旋 向下：下旋
主要運動肌	肱三頭肌 肘肌	三角肌 胸大肌（鎖骨側）	前鋸肌 斜方肌

站姿啞鈴側平舉

四肢運動・單關節運動・推・封閉鏈運動・
啞鈴・初階到進階技術等級

➡️ 這個非常簡單的動作，卻是最常被誤解其生物機制的運動之一。做這個動作的時候，往往舉起過重的重量，或是運用動量（甩動手臂）。如果動作確實，此動作對三角肌是非常好的局部訓練。

動作說明

手肘維持約 10 度左右的交角，從側邊舉起手臂，舉到約肩膀的高度。保持腰部、手肘和肩膀在同一個平面上。慢慢放下後，重複以上動作。

深層肌肉

肱骨

淺層肌肉
棘上肌
三角肌

旋轉肌群
小圓肌
大圓肌
棘下肌

小秘訣：如何保持正確姿勢

- 避免產生動量，維持動作和緩穩定，動作範圍做到最大。
- 運動過程中避免拱起胸口和肩膀，保持胸口和肩膀敞開，下壓、並敞開肩胛骨，使肩胛骨抵住背部，活化前鋸肌。
- 用較重的啞鈴做這個動作時，手肘不應隨之彎曲。手肘彎曲會減少有效力臂，抵銷增加的重量。
- 舉起手臂的時候吸氣。

開始前的姿勢與準備

- 呈站姿，雙腳打開與肩同寬。
- 保持姿勢正中，脊椎自然放鬆。
- 保持膝蓋放鬆。
- 將啞鈴舉到身體兩側。

⬇️

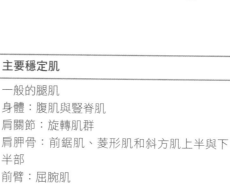
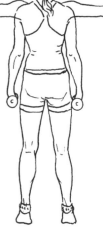

運動分析	關節一
主要關節	肩關節
關節運動	向上：外展 向下：內收
主要運動肌	三角肌 肩胛上肌

主要穩定肌
一般的腿肌 身體：腹肌與豎脊肌 肩關節：旋轉肌群 肩胛骨：前鋸肌、菱形肌和斜方肌上半與下半部 前臂：屈腕肌

後三角肌訓練機

四肢運動·單關節運動·拉·封閉鏈運動·
運動器材·初階到進階技術等級

姿勢不良往往會導致三角肌前後不平衡，三角肌前半部過於緊繃，三角肌後半部則相對弱化。後三角肌訓練機可強化三角肌後半部。

動作說明

維持手肘的交角為 10 度左右。將拉桿向後拉，直到手臂略超過身體。回復到原來的位置後，重複以上動作。

小秘訣：如何保持正確姿勢

- 避免產生動量，尤其是拱起下背部，維持動作和緩、穩定。
- 運動過程中避免拱肩、圓肩，保持胸口敞開，肩胛骨下壓。
- 向後拉的時候吸氣。

開始前的姿勢與準備

- 面向器材，呈坐姿。
- 將軟墊靠在上臂後面，手臂呈水平（有些器材會附上手把）。
- 確實用坐骨坐好，保持胸口敞開，脊椎位置維持正中。

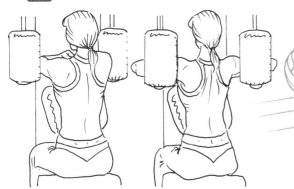

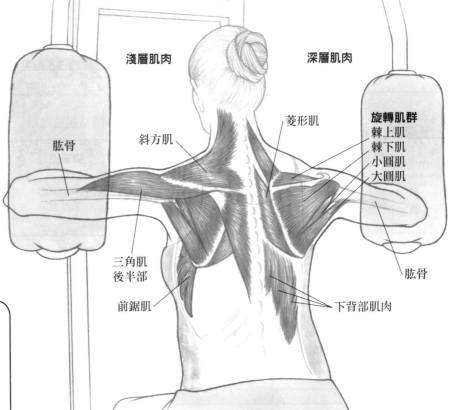

淺層肌肉　　　　深層肌肉

肱骨

斜方肌

菱形肌

旋轉肌群
棘上肌
棘下肌
小圓肌
大圓肌

三角肌後半部

前鋸肌

肱骨

下背部肌肉

主要穩定肌
身體：腹肌與豎脊肌
肩關節：旋轉肌群
肩胛骨：前鋸肌、菱形肌和斜方肌
前臂：屈腕肌

運動分析	關節一	關節二
主要關節	肩關節	肩胛胸廓關節
關節運動	向後：水平外展 向前：水平內收	向後：內收 向前：外展
主要運動肌	三角肌後半部	菱形肌 斜方肌

抗力球：
坐姿前彎側舉啞鈴
四肢運動，但明顯強調核心穩定·單關節運動·拉·封閉鏈運動·啞鈴·中階到進階技術等級

許多肌力訓練計劃中，常常都忽略了三角肌後半部的訓練。這項動作就很適合補上相關的訓練。

動作說明

維持手肘的交角固定在 10-20 度左右。手臂從垂直身體方向舉起，舉到肩膀的高度。手肘應高於腰線。放下手臂，回復到原來的位置，並重複以上動作。

小秘訣：如何保持正確姿勢

- 避免產生動量，尤其是把身體舉起來，維持動作和緩穩定。
- 保持胸口與肩膀敞開，讓肩胛骨下壓，抵住背部。
- 用較重的啞鈴做這個動作時，手肘不應隨之彎曲。手肘彎曲會減少有效力臂，抵銷增加的重量。
- 向上拉的時候吸氣。

斜方肌
三角肌後半部
三角肌後半部
旋轉肌群
小圓肌
大圓肌
棘下肌
菱形肌
腰方肌（深層）
前鋸肌
髂嵴

開始前的姿勢與準備

- 用坐骨坐在抗力球中心，比一般稍小的球會比較好用。
- 腳的位置要超出膝蓋。
- 身體向前靠在膝蓋上，盡可能維持身體水平。
- 將啞鈴舉到身體兩側、大腿下方。

運動分析	關節一	關節二
主要關節	肩關節	肩胛骨
關節運動	向後：水平外展 向前：水平內收	向後：內收 向前：外展
主要運動肌	三角肌後半部	菱形肌 斜方肌

主要穩定肌

身體：腹肌
髖部：臀中肌與臀小肌、內收肌群與腰方肌
肩關節：旋轉肌群
肩胛骨：前鋸肌、菱形肌和斜方肌
前臂：屈腕肌
頸部：頭夾肌和頸部肌肉

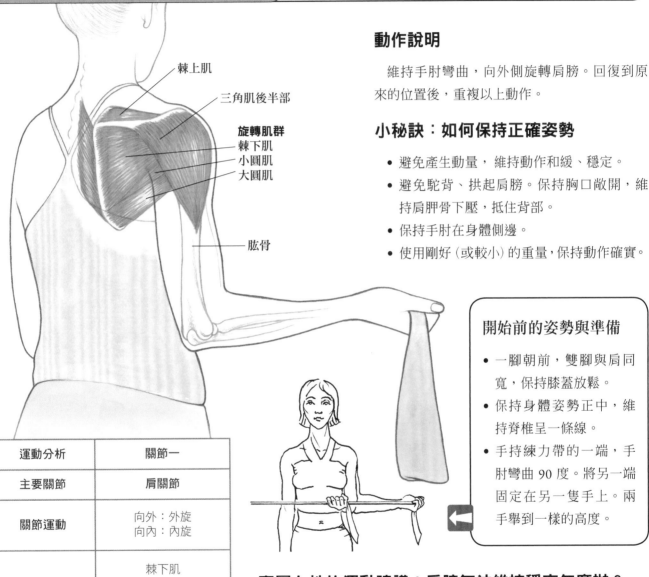

練力帶：穩定旋轉肌

四肢運動·單關節運動·拉·封閉鏈運動·
練力帶·初階到進階技術等級

旋轉肌群不夠強壯與平衡性不足，是限制訓練成果的常
見因素，亦是受傷的常見理由。通常外側的旋轉肌較弱
（例如：棘上肌、棘下肌與小圓肌）；內側的旋轉肌（肩
胛下肌）相對緊繃，穩定關節的能力較差。

棘上肌

三角肌後半部

旋轉肌群
棘下肌
小圓肌
大圓肌

肱骨

動作說明

維持手肘彎曲，向外側旋轉肩膀。回復到原
來的位置後，重複以上動作。

小秘訣：**如何保持正確姿勢**

- 避免產生動量，維持動作和緩、穩定。
- 避免駝背、拱起肩膀。保持胸口敞開，維
  持肩胛骨下壓，抵住背部。
- 保持手肘在身體側邊。
- 使用剛好（或較小）的重量，保持動作確實。

開始前的姿勢與準備

- 一腳朝前，雙腳與肩同
  寬，保持膝蓋放鬆。
- 保持身體姿勢正中，維
  持脊椎呈一條線。
- 手持練力帶的一端，手
  肘彎曲 90 度。將另一端
  固定在另一隻手上。兩
  手舉到一樣的高度。

運動分析	關節一
主要關節	肩關節
關節運動	向外：外旋 向內：內旋
主要運動肌	棘下肌 棘上肌 小圓肌 三角肌後半部

主要穩定肌

身體：腹肌與豎脊肌。
肩胛骨：前鋸肌、菱形肌和斜方肌。
前臂：屈腕肌。

專屬女性的運動建議：**肩膀無法維持穩定怎麼辦？**

肩關節是人體最靈活的球窩關節，所以也最容易受傷。如果手臂過
度伸展，或是外展超過 90 度，就很容易受傷。女性肩關節周邊的肌肉
較弱時，容易導致肩關節脫臼，或手舉過頭時，造成頸部疼痛。如果妳
是高危險群，可利用訓練旋轉肌群的機會，加強肩關節的穩定。另外
中階程度者，也可以嘗試雙手高舉過頭硬推來訓練肩關節旁的肌肉。
請注意重複次數和組數適當為佳，盡可能緩慢地進步即可。

手臂

雖然現在的女性流行受過訓練的結實手臂,但還是有很多女性怕會練得太壯,臂肌會像男性一樣而不夠好看。不過基於男性與女性的賀爾蒙平衡有根本上的差異,其實不太可能發生這樣的事情。

賀爾蒙是細胞的傳訊者,能夠活化和限制某些生理反應,例如生長、月經週期和血糖恆定等。事實上,身體裡多數的生理反應都受賀爾蒙影響。女性的雌激素較多,男性的雄激素(例如睪固酮)和生長激素較多。賀爾蒙促進男性肌肉生長、肌肉尺寸變大,女性的賀爾蒙則相對侷限肌肉生長,當然,也侷限了手臂肌肉壯大的可能。

除此之外,女性的肌肉組織和男性的肌肉組織,本質上並沒有不同。所以女性對手臂每一分的訓練,都一樣能夠修飾手臂。

女性的上臂有一小塊脂肪,儲存在肱三頭肌後方。這塊脂肪,通常只會在身體其他脂肪增加的時候才會跟著增加。比較缺乏運動的女性,這個位置在停經之後,可能較容易累積脂肪。

上臂有三分之二都是肱三頭肌,剩下的三分之一為肱二頭肌。不論何種方式加強這兩塊肌肉,都能強化手臂線條,讓手臂更好看。

手臂主要的肌肉

注意:為了呈現上的簡潔,這裡並沒有列出全部的肌肉。

肌肉名	跨過的關節	肌肉起點	肌肉止點	肌肉動作
屈腕肌群				
橈側屈腕肌	手腕	肱骨內髁	第二掌骨前表面(掌側)	手腕:屈曲;外展(幫助手腕屈曲)
尺側屈腕肌	手腕	肱骨內髁、近端尺骨後側	第五掌骨根部,豆狀骨與鉤狀骨	手腕:屈曲;內收(微弱地幫助手腕屈曲)
掌長肌	手腕	肱骨內髁	第二到第五掌骨的掌腱膜	手腕屈曲
伸腕肌群				
尺側伸腕肌	手腕	肱骨外髁	第五掌骨背側(手背)	手腕:伸展;內收(幫助手肘伸展)
橈側伸腕短肌	手腕	肱骨外髁	第三掌骨背側	手腕:伸展;外展(幫助手肘伸展)
橈側伸腕長肌	手腕	肱骨外髁	第二掌骨背側根部	手腕:伸展;外展(微微幫助手肘伸展)
前臂旋後肌	肘關節	肱骨外髁	近端橈骨外側表面	前臂後旋

肌肉名	跨過的關節	肌肉起點	肌肉止點	肌肉動作
前臂旋前肌				
旋前圓肌	肘關節	肱骨內髁遠端；尺骨內側	橈骨外側表面三分之一以下	前臂向前旋（也幫助手肘伸展）
旋前方肌	橈尺關節	尺骨前側遠端	遠端橈骨前側表面	前臂向前旋

上臂主要的肌肉

肌肉名	跨過的關節	肌肉起點	肌肉止點	肌肉動作
肱二頭肌群				
肱二頭肌	肩關節與肘關節	肱二頭肌有兩個頭： 長頭：從盂上結節、關節盂上方發出 短頭：從肩胛骨喙突以及關節盂上唇發出	橈骨粗隆	手肘屈曲（前臂旋後時較明顯）；前臂旋後；也參與肩部屈曲
肱肌	肘關節	遠端二分之一肱骨前方	尺骨喙突	肘部屈曲
肱橈肌	肘關節	肱骨髁上嵴外側遠端	遠端橈骨外側緣，莖突的位置	手肘屈曲：從旋後的狀態旋前到放鬆狀態；從旋前的狀態旋後回到放鬆狀態
肱三頭肌 （同一個止點，可分為三大部分：長頭、外側頭、內側頭）	全部都會跨過手肘，長頭還跨過肩部	長頭：肩胛骨關節盂下唇外側 外側頭：近端二分之一肱骨後側 內側頭：遠端三分之二肱骨後側	尺骨鷹嘴突	手肘伸展：長頭也參與伸展肩關節
肘肌	肘關節	肱骨外髁後方	尺骨鷹嘴突後側表面	手肘伸展

注意：旋轉肌群列在第 3 章〈背部和肩部〉。

相關動作

1. 抗力球：配合練力帶，坐姿肩推三頭肌伸展，第 114 頁
2. 仰臥槓鈴法式彎舉，第 115 頁
3. 三頭肌訓練機，第 116 頁
4. 滑輪機：三頭肌下拉，第 117 頁
5. 三頭肌纜繩下拉，第 118 頁
6. 站姿槓鈴彎舉，第 119 頁
7. 坐姿仰式斜向啞鈴彎舉，第 120 頁
8. 啞鈴集中彎舉，第 121 頁

抗力球：配合練力帶，坐姿肩推三頭肌伸展

核心運動·單關節運動·推·封閉鏈運動·練力帶·中階到進階技術等級

➡ 這個動作結合了抗力球和練力帶，比起健身房裡的傳統版本更加完整，且著重在功能上的訓練，增加腹肌與豎脊肌等穩定肌的參與。

動作說明

盡可能將手肘靠近頭部，伸展手肘以拉長練力帶。回復到原來的位置後，重複以上動作。

小秘訣：如何保持正確姿勢

- 避免產生動量，維持動作和緩穩定。
- 保持腹肌收縮，微收小腹。
- 避免手肘下垂或向外張開。維持上臂穩定，把上臂視為脊椎的一部分。
- 保持胸口敞開，避免拱肩。
- 手臂放下的時候吸氣，手臂向上的時候吐氣。

肱三頭肌群
三角肌後半部
喙肱肌
三角肌前半部
胸小肌
大圓肌
闊背肌
前鋸肌
胸大肌

腹肌
腹直肌
腹外斜肌

開始前的姿勢與準備

- 坐在抗力球上，姿勢維持正中、穩定，脊椎放鬆。
- 舉起單側手臂，手肘彎曲，抓住練力帶的一端。另外一隻手固定練力帶下端，將練力帶擺在背後。

運動分析	關節一
主要關節	肘關節（活動那隻手臂）
關節運動	向上：伸展 向下：屈曲
主要運動肌	肱三頭肌（主要是長頭） 肘肌

主要穩定肌

腿部肌肉
身體與髖部：腹肌、闊背肌、豎脊肌、腰方肌與闊筋膜張肌
肩部：三角肌、旋轉肌群與胸大肌
肩胛骨：前鋸肌、菱形肌和斜方肌下半部
前臂：屈腕肌

仰臥槓鈴法式彎舉

**核心運動・單關節運動・推・開放鏈運動・
槓鈴・中階到進階技術等級**

這個運動能夠有效鍛鍊肱三頭肌，俗稱「撞頭者」或
是「頭骨粉碎者」（當然，並不是真的要打破頭骨），
這是鍛鍊手臂最有效的方式之一。

動作說明

彎曲手肘，將槓鈴的橫桿慢慢放到前額的位置。將
橫桿停在頭部前方。回復到原來的位置，並重複以
上動作。一旦你兼顧姿勢與穩定，可以試著微微伸
展手肘，增加活動範圍，使
脖子的曲線貼平軟墊。

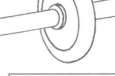

肱三頭肌群

肘肌

肱三頭肌群

胸大肌

主要穩定肌
位於身體和肩膀的腹肌、闊背肌、大圓肌 肩部：三角肌、旋轉肌群以及胸大肌 肩胛骨：前鋸肌、菱形肌和斜方肌下半部 前臂：屈腕肌

小秘訣：如何保持正確姿勢

- 避免產生動量，維持動作和緩、穩定。
- 做動作的時候，避免手肘下垂或向外張開。
  保持上臂穩定。
- 過程中，避免拱起下背部，微縮小腹。
- 保持胸口敞開，避免圓肩。
- 手臂放下的時候吸氣，手臂向上的時候吐氣。

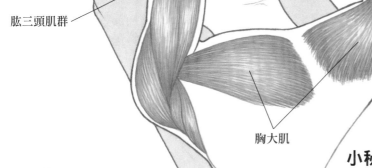

開始前的姿勢與準備

- 仰臥，躺在平板上。
- 手臂張開與肩同寬（或是比肩寬略窄），正
  握槓鈴。
- 讓槓鈴與前額平行，雙臂打直。

運動分析	關節一
主要關節	肘關節
關節運動	向上：伸展 向下：屈曲
主要運動肌	肱三頭肌（主要是長頭） 肘肌

三頭肌訓練機

四肢運動・單關節運動・推・封閉鏈運動・運動器材・初階到進階技術等級

三頭肌訓練機器有各式各樣的類型，有些機器的特色是以坐著或跪著為起始動作，有的會運用槓鈴、手把或是軟墊。無論如何，手臂的動作都是一樣的，與下列動作的原則相同。

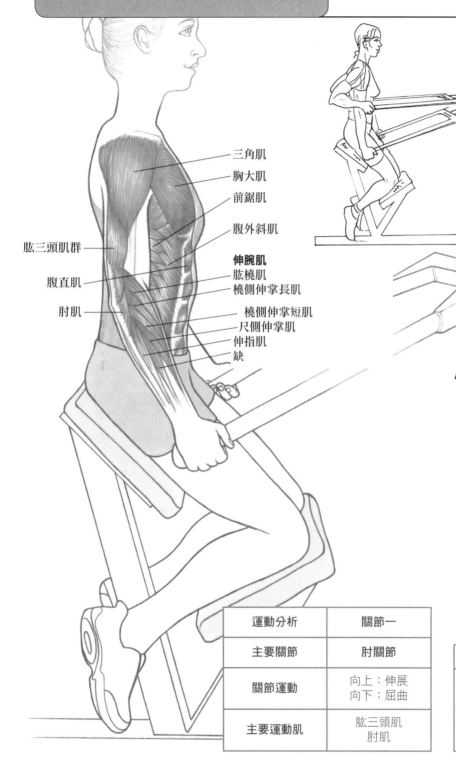

三角肌
胸大肌
前鋸肌
腹外斜肌
伸腕肌
肱橈肌
橈側伸掌長肌
橈側伸掌短肌
尺側伸掌肌
伸指肌
缺

肱三頭肌群
腹直肌
肘肌

動作說明

伸展手肘，下壓手把。穩定地回到原來的位置，直到前臂與上臂夾緊。重複上述動作。

開始前的姿勢與準備

- 呈跪姿。
- 將手放在槓鈴的橫槓上，保持手肘、肩膀和手呈一直線。
- 肩膀放鬆，脊椎呈一直線。

小秘訣：如何保持正確姿勢

- 下壓的動作要做到底；不要讓前臂與地板平行。
- 從肱三頭肌出力。
- 避免向外張開自己的手肘，保持上臂穩定。
- 保持胸口敞開，肩膀放鬆，脊椎維持正中。
- 動作和緩，避免產生動量。
- 手臂下壓時吸氣；向上時吐氣。

運動分析	關節一
主要關節	肘關節
關節運動	向上：伸展 向下：屈曲
主要運動肌	肱三頭肌 肘肌

主要穩定肌

身體：腹肌、豎脊肌、腰方肌
肩部：三角肌、旋轉肌群與胸大肌
肩胛骨：前鋸肌、菱形肌和斜方肌下半部
前臂：屈腕肌

滑輪機：三頭肌下拉

四肢運動·單關節運動·拉·封閉鏈運動·
運動器材·初階到進階技術等級

這是健身房裡用來鍛鍊肱三頭肌的常見動作，滑輪機三頭肌下拉更強調鍛鍊三頭肌內側。為了有效鍛鍊這塊肌肉的所有部位，你可以試著增加阻力。

動作說明

伸展手肘，下拉手把。穩定地回到原來的位置，直到前臂與上臂夾緊。重複上述動作。

小秘訣：如何保持正確姿勢

- 下壓的動作要做到底；不要讓前臂與地板平行。
- 從肱三頭肌出力。
- 避免向外張開自己的手肘，保持上臂穩定。
- 胸口敞開，肩膀放鬆，脊椎保持正中。
- 動作和緩，避免產生動量。
- 手臂下壓時吸氣；向上時吐氣。

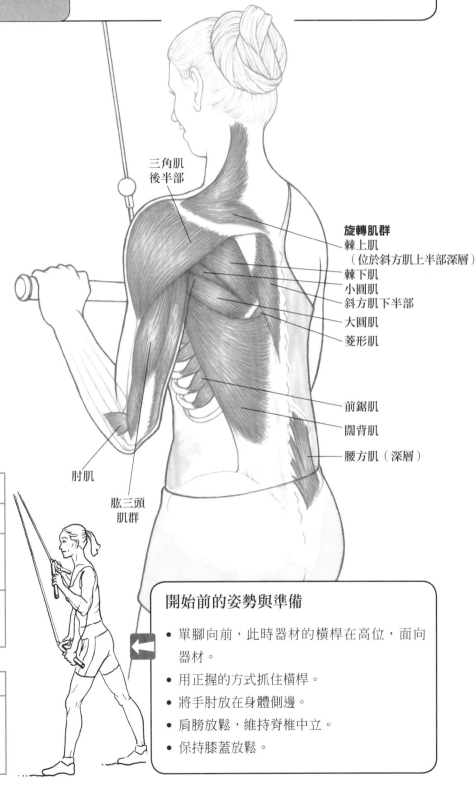

三角肌後半部

旋轉肌群
棘上肌
（位於斜方肌上半部深層）
棘下肌
小圓肌
斜方肌下半部
大圓肌
菱形肌

前鋸肌

闊背肌

腰方肌（深層）

肘肌

肱三頭肌群

運動分析	關節一
主要關節	肘關節
關節運動	向上：伸展 向下：屈曲
主要運動肌	肱三頭肌 肘肌

主要穩定肌

身體：腹肌、豎脊肌、腰方肌
肩部：三角肌、旋轉肌群與胸大肌
肩胛骨：前鋸肌、菱形肌和斜方肌下半部
前臂：屈腕肌

開始前的姿勢與準備

- 單腳向前，此時器材的橫桿在高位，面向器材。
- 用正握的方式抓住橫桿。
- 將手肘放在身體側邊。
- 肩膀放鬆，維持脊椎中立。
- 保持膝蓋放鬆。

三頭肌纜繩下拉

四肢運動·單關節運動·推·封閉鏈運動·
運動器材·初階到進階技術等級

 這個動作著重於鍛鍊肱三頭肌的外側面。

動作說明

伸展手肘，下拉繩索，劃出一道弧線。先將前臂拉到髖部，然後向外彎，刷過身體兩側。在動作最後，你的小指會指離身體，拇指抵著自己的身體。穩定回到原來的位置，重複上述動作。

小秘訣：如何保持正確姿勢

- 下拉的動作要做到底；不要讓前臂與地板平行。
- 保持姿勢正中，脊椎放鬆。
- 避免向外張開手肘，保持上臂穩定，把上臂視為脊椎的一部分。
- 保持動作和緩、穩定，避免產生動量。
- 從肱三頭肌出力，而非只是用手拉。
- 手臂下壓的時候吸氣，手臂向上的時候吐氣。

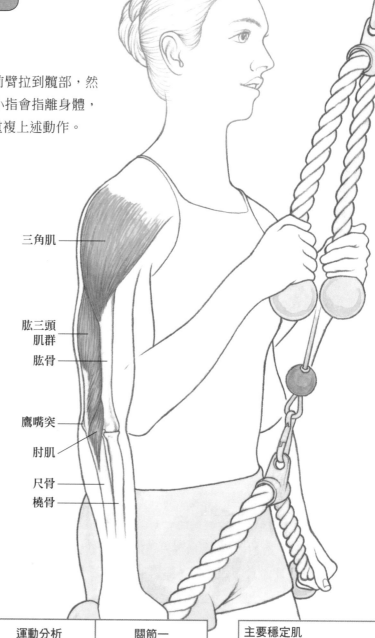

三角肌

肱三頭肌群

肱骨

鷹嘴突

肘肌

尺骨

橈骨

開始前的姿勢與準備

- 面向器材，器材的橫桿在高位。
- 用正握的方式抓住繩索。
- 保持腰部正中，雙手拇指相對。
- 將手肘放在身體側邊。
- 肩膀放鬆，維持脊椎中立。
- 保持膝蓋放鬆。

運動分析	關節一	主要穩定肌
主要關節	肘關節	身體：腹肌、豎脊肌與腰方肌
關節運動	伸展	肩部：三角肌、旋轉肌群與胸大肌
主要運動肌	肱三頭肌，強調外側面的鍛鍊	肩胛骨：前鋸肌、菱形肌和斜方肌下半部 前臂：屈腕肌

站姿槓鈴彎舉

核心運動·單關節運動·推·封閉鏈運動·
槓鈴·初階到進階技術等級

 這個動作是有效鍛鍊肱二頭肌的動作之一。維持前臂旋後，彎曲手肘才能鍛鍊肱二頭肌。

動作說明

彎曲手肘，舉起橫桿，直到前臂碰到上臂。穩定地放下手臂，直到前臂完全伸展開來，回到原來的位置。重複上述動作。

小秘訣：如何保持正確姿勢

- 保持姿勢正中，脊椎放鬆。
- 保持動作和緩、穩定，避免產生動量（尤其避免用下背部甩動身體的動作）。
- 確實完成上舉動作，不要讓前臂與地板平行。
- 保持胸口敞開，避免圓肩或拱肩。
- 避免向外張開手肘，保持上臂穩定，把上臂視為脊椎的一部分。當手肘完全彎曲時，稍微往前一點，讓前臂不要那麼垂直。
- 從肱二頭肌出力，而非只是從手拉或甩動下背部。
- 保持重心落在腳跟到足底中間的位置，避免提起腳踝。
- 手臂向上的時候吸氣，向下的時候吐氣。

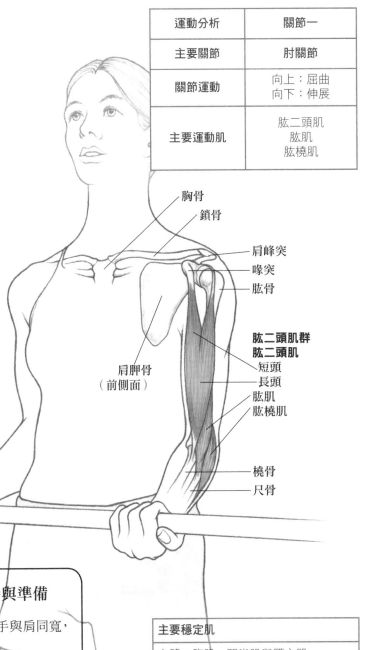

運動分析	關節一
主要關節	肘關節
關節運動	向上：屈曲 向下：伸展
主要運動肌	肱二頭肌 肱肌 肱橈肌

胸骨
鎖骨
肩峰突
喙突
肱骨
肩胛骨
（前側面）
肱二頭肌群
肱二頭肌
短頭
長頭
肱肌
肱橈肌
橈骨
尺骨

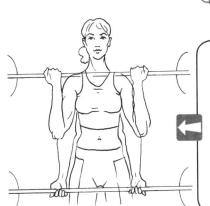

開始前的姿勢與準備

- 採站立姿，雙手與肩同寬，正握槓鈴。
- 保持手肘在身體側邊、肩膀放鬆，脊椎中立。
- 保持膝蓋放鬆。

主要穩定肌

身體：腹肌、豎脊肌與腰方肌
肩部：三角肌、旋轉肌群與胸大肌
肩胛骨：前鋸肌、菱形肌和斜方肌下半部與中間段
前臂：屈腕肌

坐姿仰式斜向啞鈴彎舉

核心運動·單關節運動·拉·封閉鏈運動·
啞鈴·初階到進階技術等級

運用槓鈴鍛鍊肱二頭肌的時候，較強壯的那一隻手，可能出力會比較多。用啞鈴的優點在於凸顯肌力較弱的那隻手臂。微微斜躺的坐姿可稍微增加肱二頭肌的活動範圍，並鍛鍊肱二頭肌的穩定力。

動作說明

彎曲手肘，舉起一邊的啞鈴。保持前臂旋後，與上臂垂直，手掌朝向肩膀。再回到原來的位置，重複上述動作，然後換手。

小秘訣：如何保持正確姿勢

* 保持姿勢正中，脊椎放鬆。
* 保持動作和緩、穩定，避免產生動量。
* 上舉的動作要做確實；不要停在前臂與地板平行的狀態。
* 保持胸口敞開，避免圓肩或拱肩。
* 動作過程中，保持上臂穩定，從肱二頭肌出力。
* 手臂向上的時候吸氣，手臂向下的時候吐氣。

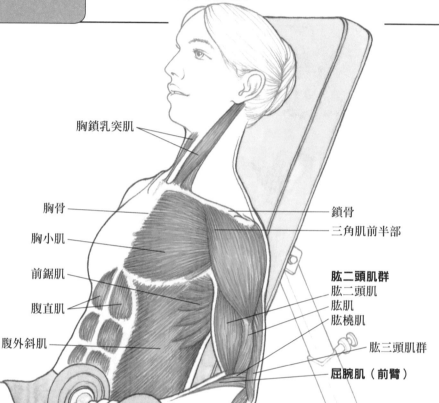

胸鎖乳突肌
胸骨
胸小肌
前鋸肌
腹直肌
腹外斜肌
鎖骨
三角肌前半部
肱二頭肌群
肱二頭肌
肱肌
肱橈肌
肱三頭肌群
屈腕肌（前臂）

開始前的姿勢與準備

* 坐在平板上，自垂直線傾斜約15度。
* 雙手持啞鈴，保持雙臂交角15度，伸展肩膀。
* 保持手肘在身體側邊、手掌朝內，腳板貼地。

運動分析	關節一
主要關節	肘關節
關節運動	向上：屈曲 向下：伸展
主要運動肌	肱二頭肌 肱肌 肱橈肌

主要穩定肌

身體：腹肌、豎脊肌與腰方肌
肩部：三角肌、旋轉肌群與胸大肌
肩胛骨：前鋸肌、菱形肌和斜方肌下半部與中間段
前臂：屈腕肌

啞鈴集中彎舉

四肢運動·單關節運動·拉·封閉鏈運動·
啞鈴·中階到進階技術等級

 從動作的名稱就可以了解，這項運動特別強調肱二頭肌訓練的強度。

動作說明

彎曲手肘，將啞鈴舉到肩膀前方。再回到原來的位置，慢慢放下啞鈴，直到手臂完全伸展。重複上述動作，然後換手。

開始前的姿勢與準備

- 坐在平板上，雙腳向外張開約 45 度，腳板貼地。從髖部微向前傾。
- 在雙腿之間，單手持啞鈴。將手肘背部放在大腿內側。
- 另外一隻手臂向內轉，手掌向下，壓在大腿上，以求平衡。

三角肌
胸大肌
肱三頭肌群

肱二頭肌群
肱二頭肌
肱肌
肱橈肌

旋前圓肌

肘肌

前臂屈肌群
尺側屈掌肌
橈側屈掌肌

小秘訣：如何保持正確姿勢

- 保持姿勢正中，脊椎放鬆。
- 保持動作和緩、穩定，避免產生動量。
- 保持胸口敞開，避免圓肩或拱肩。
- 從肱二頭肌出力，而不是用手的力量提起啞鈴。
- 手臂向上的時候吸氣，手臂向下的時候吐氣。

運動分析	關節一
主要關節	肘關節
關節運動	向上：屈曲 向下：伸展
主要運動肌	肱二頭肌 肱肌 肱橈肌

主要穩定肌
身體：腹肌、豎脊肌與腰方肌 肩部：三角肌、旋轉肌群與胸大肌 肩胛骨：前鋸肌、菱形肌和斜方肌下半部與中間段 前臂：屈腕肌

伸展與柔軟度

柔軟度一般用關節的活動範圍（ROM）來定義。每一個關節都有各自「正常」的柔軟度，足以應付每天的需求。但比起一般生活所需，很多動作如體操、衝刺、舞蹈和武術，關節需要更大的活動範圍。

各種運動手冊中，通常會提到四種不同的伸展活動：靜態伸展、動態伸展、本體感覺神經肌肉促進術（PNF）和彈震伸展（參考下頁圖片）。靜態伸展指的是用一組動作，持續適度地拉伸肢體。本章節所分析的伸展運動大都是靜態伸展。動態伸展會將關節伸展到最大極限。本體感覺神經肌肉促進術則需要搭配一名夥伴，運用特殊的技巧刺激肌肉裡的高爾基腱器官，增加關節活動範圍。彈震伸展則是在靜態伸展的姿勢下，適度結合彈震的動作。彈震伸展常常被誤解，但其實對於彈性肌力的暖身很有用。

靜態伸展是相對安全，對初學者也比較友善的運動，同時是健身後較理想的緩和運動。動態伸展是最具功能性的。本體感覺神經肌肉促進術和彈震伸展則較為進階、危險性較高，一般而言，除非在專業人士的評估和指導下，否則不建議自行操作。

柔軟度訓練的好處

雖然有關增加柔軟度的好處有各種不同的觀點，但缺乏柔軟度顯然會造成姿勢代償、減少動作的自由度、增加肌肉過度緊張，甚至提高受傷的風險。

有些人因為性別、基因、年齡和體能的差異，天生就比其他人柔軟。不太運動的人，相較之下柔軟度比較差；長時間久坐的人，隨著年紀增長，相對也比較容易失去柔軟度。常常伸展的好處除了有更好的活動力、維持良好姿勢，也能減少柔軟度因年紀增長而下降的程度，同時降低受傷和過度緊繃的風險。

某些反對伸展的研究，可能忽視了肌力與柔軟度間的重要相關性。肌肉間相互抗衡的關係：亦即有些肌肉會相互合作，有些肌肉則相互拮抗。若相互拮抗的肌肉中，有一條肌肉失去平衡，會影響到另一條肌肉。舉例來說，豎脊肌過度緊繃會導致腹肌無法完全收縮；過度緊繃的

肱二頭肌，會微微拉長肱三頭肌。

如果一個人的姿勢不平衡，有些肌肉會過度緊繃，有些肌肉則會過度無力。過度緊繃的肌肉需要伸展；無力的肌肉則需要強化肌力。很多專業教練都認為，要伸展因姿勢不良而過度緊繃的肌肉，最好的方法是鍛鍊相互拮抗的肌群。一般而言，這需要全面評估，才能決定每個人適合用什麼樣的伸展運動和肌力鍛鍊計劃。

靜態伸展的指導原則

- 伸展是最能夠讓肌肉升溫的方法，也可顯著降低受傷的風險。

- 請在一開始的時候，確定適當的位置和姿勢。

- 維持放鬆的呼吸節奏，不要憋氣，以免肌肉過度伸展或緊繃。

- 以 1-10 分的標準來說，伸展程度應控制在 4-7 分，是你覺得有點不舒服，但還能接受的程度。超過 7 分以上就會感受到刺痛。

- 感受肌肉被伸展、放鬆與無力的狀態。靜態伸展應該持續 30-90 秒。

伸展

静態伸展

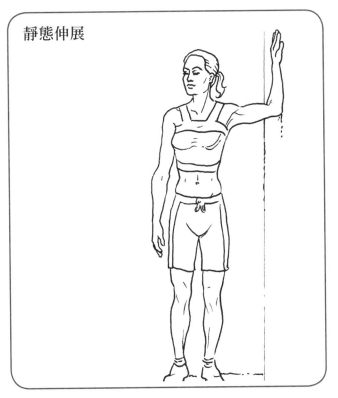

動態伸展

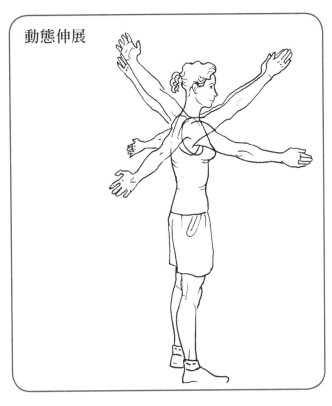

本體感覺神經肌肉促進術（PNF）

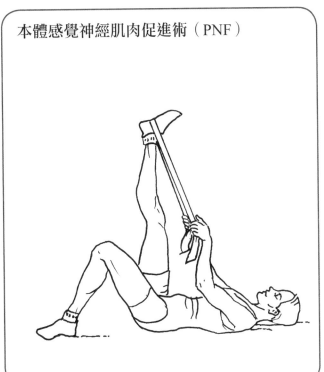

彈震伸展

頸部與肩部伸展

靜態伸展·單關節運動·封閉鏈運動·承重
運動·初階到進階技術等級

現代生活的節奏相當緊湊，滑手機的時候，手上還要拿著好幾個包包，同時做好幾件事情。一整天下來，很容易肩頸痠痛。不時緩和地伸展肩頸，能有效放鬆肌肉緊繃。

動作說明

呈站姿，雙手放在背後，握住一手的手腕，往對側拉。同時將頸部彎向對側。維持這個狀態（10分制的話，維持在 4-7 分的程度），不要過度伸展。回到原來的位置，換邊，重複上述動作。如果想要降低難度，可以試著先做頸部的動作就好。坐在抗力球上進行這個動作可以加強訓練身體的穩定度。

小秘訣：如何保持正確姿勢

- 避免過度伸展。著重用頭部拉伸頸部，自然地藉由重力伸展肩頸。保持肩膀下壓，放鬆地伸展開來。
- 和緩地呼吸。
- 避免圓肩或拱肩，保持胸口敞開。保持肩膀放鬆，肩胛骨下壓。

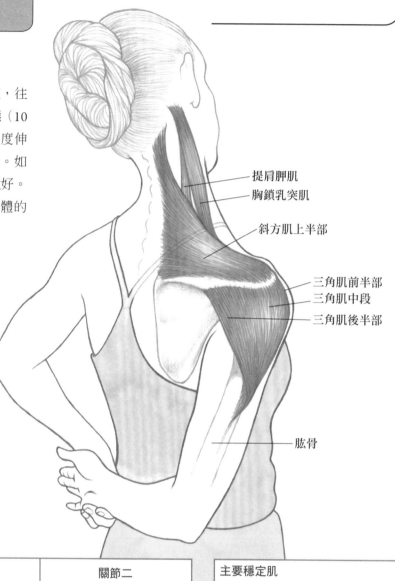

提肩胛肌
胸鎖乳突肌
斜方肌上半部
三角肌前半部
三角肌中段
三角肌後半部
肱骨

運動分析	關節一	關節二	主要穩定肌
主要關節	頸部：頸椎	肩關節	肩關節：旋轉肌群 肩胛骨：菱形肌和斜方肌下半部 身體：腹肌、豎脊肌與腰方肌 腿部與髖部：臀肌、膕旁肌、股直肌、內收肌群與對側腿的腿部肌肉
關節運動	側屈	伸展與內收	
主要運動肌	斜方肌上半部 * 頭夾肌 胸鎖乳突肌 提肩胛肌 * 頭外直肌 * 在拉伸的那一側，跨過頸椎、附著在肩胛骨上	三角肌（特別是前半部） 胸大肌鎖骨部 喙肱肌 肱二頭肌（長頭）	

站姿胸部與肩膀前側伸展

靜態伸展・單關節運動・封閉鏈運動・承重運動・初階到進階技術等級

胸肌活動範圍變小，會增加頭部向後時受傷的風險，如果肩膀外旋的範圍變小、肩胛骨過度前突的話會更加嚴重。若這個部位的柔軟度太差，很多胸部的動作也會受限，增加旋轉肌群受傷的風險。

動作說明

呈站姿，雙腳與肩同寬，膝蓋放鬆。姿勢維持正中、穩定。自肩膀伸出手臂，把手掌扶在門板上。和緩地轉動身體，直到胸肌有被拉扯的感覺（10 分制的話，維持在 4-7 分的程度）。維持這個伸展的狀態，換邊，重複動作。

小秘訣：如何保持正確姿勢

- 避免過度伸展，放鬆地做這個動作。
- 和緩地呼吸。
- 避免圓肩或拱肩，保持胸口敞開。肩膀放鬆，肩胛骨下壓。
- 不要固定手肘。保持手肘伸展，微彎 10 度左右。

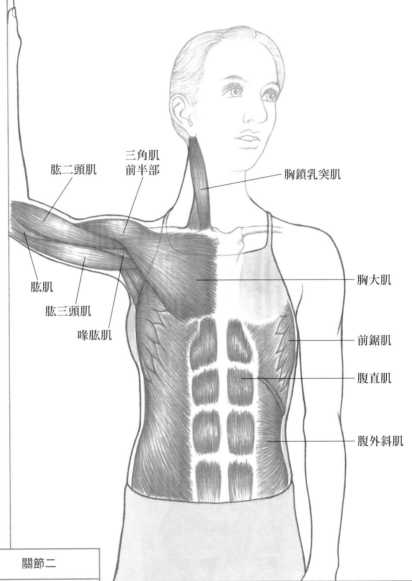

肱二頭肌
三角肌前半部
胸鎖乳突肌
肱肌
肱三頭肌
喙肱肌
胸大肌
前鋸肌
腹直肌
腹外斜肌

運動分析	關節一	關節二
主要關節	肩關節	身體
關節運動	水平外展與外旋	旋轉
主要運動肌	胸大肌 三角肌前半部 喙肱肌	手臂伸展那一側的腹外斜肌

主要穩定肌

腹肌
身體與髖部：腰方肌、豎脊肌、內收肌群和臀中肌與臀小肌
腿部：股直肌、膕旁肌和腿部肌肉
肩關節：旋轉肌群
肩胛骨：前鋸肌、菱形肌和斜方肌下半部

抗力球：肩膀伸展

靜態伸展·複合運動 / 多關節運動·封閉鏈運動·承重運動·初階到進階技術等級

 這個動作能伸展、放鬆肩部與上背部的深層肌肉，也能幫助肩關節的球窩重新對正。

動作說明

呈跪姿跪在軟墊上，將抗力球放在身體前。雙手放在球的兩側。將臀肌向前傾，擠壓髖骨，同時伸直手臂，將抗力球往前滾，使上半身和頭部呈水平。面部朝下。以 10 分制來說，維持伸展的程度在 4-7 分左右。

小秘訣：如何保持正確姿勢

- 避免圓肩或拱肩，保持胸口敞開。肩膀放鬆，肩胛骨下壓。
- 避免拱起頸部，保持眼睛看著地板。
- 不要過度伸展。放鬆地做動作。
- 和緩地呼吸。

主要穩定肌
身體：腹肌、豎脊肌和腰方肌 肩胛骨：斜方肌下半部、菱形肌和前鋸肌 肩關節：旋轉肌群 頸部：頭夾肌和頸部肌肉

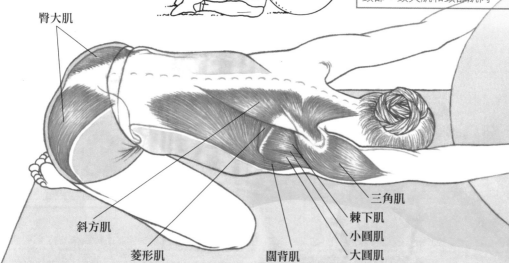

臀大肌
斜方肌
菱形肌
闊背肌
三角肌
棘下肌
小圓肌
大圓肌

運動分析	關節一	關節二	關節三	關節四
主要關節	肩關節	肩胛骨	髖關節	膝關節
關節運動	屈曲與內旋	下壓	固定	固定
主要運動肌	胸大肌 闊背肌 三角肌前半部 旋轉肌群 肱二頭肌	胸小肌 大圓肌 小圓肌 斜方肌中段與下半部 菱形肌下半部	臀大肌 膕旁肌	股四頭肌群

抗力球：坐姿側邊伸展

靜態伸展·複合運動 / 多關節運動·封閉鏈運動·承重運動·初階到進階技術等級

這個優美的動作能放鬆身體側邊緊繃的肌肉。使用抗力球將髖部推離伸展的那一側，拉動髖部深層的肌肉，提升功能性上的鍛鍊。

動作說明

坐在抗力球的中心，雙腳平貼於地。使用腹肌的力量，用坐骨坐好，呈高坐姿。手放在對側的膝蓋上。舉起對側手臂，側彎脊椎，彎向另一邊。滿分 10 分，維持伸展的程度在 4-7 分左右。維持伸展的姿勢一段時間，換邊並重複以上動作。

小秘訣：如何保持正確姿勢

- 不要過度伸展，放鬆地做動作。
- 和緩地呼吸。
- 避免圓肩或拱肩，保持胸口敞開。肩膀放鬆，肩胛骨下壓。
- 保持體重落於抗力球的中心。

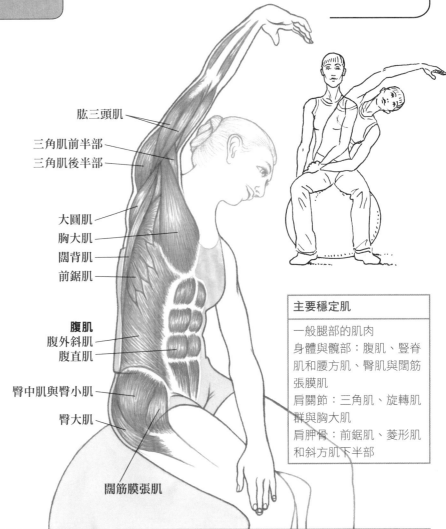

肱三頭肌
三角肌前半部
三角肌後半部
大圓肌
胸大肌
闊背肌
前鋸肌
腹肌
腹外斜肌
腹直肌
臀中肌與臀小肌
臀大肌
闊筋膜張肌

主要穩定肌

一般腿部的肌肉
身體與髖部：腹肌、豎脊肌和腰方肌、臀肌與闊筋張膜肌
肩關節：三角肌、旋轉肌群與胸大肌
肩胛骨：前鋸肌、菱形肌和斜方肌下半部

運動分析	關節一	關節二	關節三	關節四
主要關節	脊椎 （舉起手臂的那一側）	肩胛骨 （舉起手臂的那一側）	肩關節 （舉起手臂的那一側）	頸部：例如頸椎
關節運動	側彎	上旋	外展	側彎
主要運動肌	豎脊肌群 腰方肌 闊背肌 腹肌	菱形肌下半部 斜方肌下半部 大圓肌 小圓肌	闊背肌 旋轉肌群 胸大肌（特別是靠近胸骨和腹部處） 三角肌（特別是後半部） 肱三頭肌長頭 喙肱肌	斜方肌上半部 * 頭夾肌 胸鎖乳突肌 提肩胛肌 * 頭外直肌 * 跨過頸椎但連接到肩胛骨（全都是伸展的那一側）

全身伸展

靜態伸展·複合運動 / 多關節運動·封閉鏈運動·承重運動·初階到進階技術等級

這項伸展動作是從瑜伽改良而來的，做起來就如圖中看起來那樣簡單。這是一項效果好的令人驚訝的全身伸展運動，而且幾乎在任何地方都可以做。

動作說明

坐在平板上，微向前傾。雙腳平貼於地，膝蓋彎曲，落在雙腳上方。髖部微向前傾，轉動脊椎側向一側。將下方手臂抵住膝蓋內側。旋轉身體時，敞開胸口，舉起上方的手臂，盡可能地向上伸展。轉頭，看著上方手掌。滿分 10 分，請維持伸展的程度在 4-7 分左右。回到原來的位置，換邊後重複上述動作。

小秘訣：
如何保持正確姿勢

- 張開雙臂，伸展胸口。
- 不要過度伸展，放鬆地做動作。
- 和緩地呼吸。
- 避免圓肩或拱肩，保持胸口敞開。肩膀放鬆，維持肩胛骨下壓。
- 如果你發現可以很輕鬆地摸到腳踝，不妨試著用木塊撐住下方的手。

主要穩定肌

一般腿部的肌肉
身體與髖部：腹肌、豎脊肌和腰方肌、臀肌與闊筋張膜肌
肩關節：三角肌、旋轉肌群及以胸大肌
肩胛骨：前鋸肌、菱形肌和斜方肌下半部
頸部：胸鎖乳突肌、頭外直肌

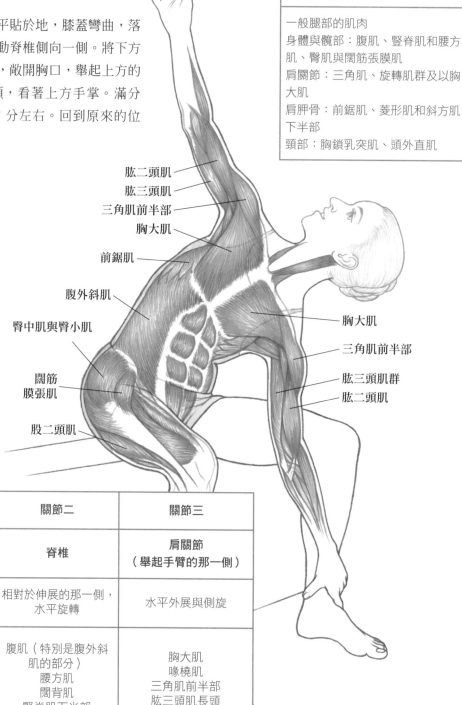

肱二頭肌
肱三頭肌
三角肌前半部
胸大肌
前鋸肌
腹外斜肌
臀中肌與臀小肌
闊筋膜張肌
股二頭肌

胸大肌
三角肌前半部
肱三頭肌群
肱二頭肌

運動分析	關節一	關節二	關節三
主要關節	髖部（伸展的那一側）	脊椎	肩關節（舉起手臂的那一側）
關節運動	屈曲	相對於伸展的那一側，水平旋轉	水平外展與側旋
主要運動肌	臀大肌 膕旁肌（特別是上半部）	腹肌（特別是腹外斜肌的部分）腰方肌 闊背肌 豎脊肌下半部	胸大肌 喙肱肌 三角肌前半部 肱三頭肌長頭

仰臥屈胯伸展

靜態伸展·單關節運動·承重運動·初階到進階技術等級

→ 這個簡單的伸展運動，相當適合釋放現代人因為姿勢不良而下背部肌肉緊繃的狀況。對於其他仰臥、下半身的伸展運動來說，也是很好的暖身伸展運動。

動作說明

呈仰臥姿，維持脊椎放鬆。將腳拉近胸口。屈曲髖關節和膝關節，並收縮腹肌。保持另一側腿部平坦地放在軟墊上。你應該可以感受到髖部前方有微微被拉緊的感覺。保持這個強度，滿分 10 分，維持伸展的程度在 4-7 分左右。追求變化的話，可以試著將雙腿一次拉近胸口。

小秘訣：如何保持正確姿勢

- 不要拱起背部、過度繃緊或是舉起臀部。如果你的柔軟度不太好，則試著放鬆髖關節，從膝蓋下方，抱住雙腿。
- 避免過度伸展，輕鬆地做動作。
- 和緩地呼吸。
- 避免圓肩或拱肩，保持胸口敞開。肩膀放鬆，肩胛骨下壓。

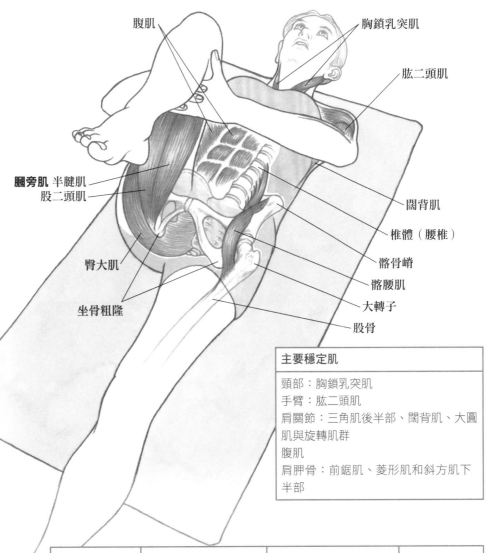

腹肌
胸鎖乳突肌
肱二頭肌
膕旁肌 半腱肌
股二頭肌
闊背肌
椎體（腰椎）
髂骨嵴
髂腰肌
大轉子
股骨
臀大肌
坐骨粗隆

主要穩定肌

頸部：胸鎖乳突肌
手臂：肱二頭肌
肩關節：三角肌後半部、闊背肌、大圓肌與旋轉肌群
腹肌
肩胛骨：前鋸肌、菱形肌和斜方肌下半部

運動分析	關節一	關節二	關節三
主要關節	髖關節（舉起腿部的那一側）	膝關節（舉起腿部的那一側）	對側髖關節
關節運動	屈曲	屈曲	微微伸展
主要運動肌	臀大肌 膕旁肌	股四頭肌群	股四頭肌群中的股直肌 髂腰肌

抗力球：延展脊椎

靜態伸展‧複合運動／多關節運動‧承重運動‧初階到進階技術等級

這個簡單的伸展運動，相當適合釋放現代人因為姿勢不良而下背部肌肉緊繃的狀況。對於其他仰臥、下半身的伸展運動來說，也是很好的暖身伸展運動。

動作說明

四肢朝下，如圖所示趴在抗力球上。維持脊椎放鬆，腹肌用力，微收小腹。盡可能地拱起脊椎，完整伸長整條脊椎。放鬆、將脊椎放回原來的位置。腹肌微向前，抬起頭來。

小秘訣：如何保持正確姿勢

- 避免過度伸展，輕鬆地做動作。
- 和緩地呼吸。
- 避免圓肩或拱肩，保持胸口敞開。肩膀放鬆，肩胛骨下壓。

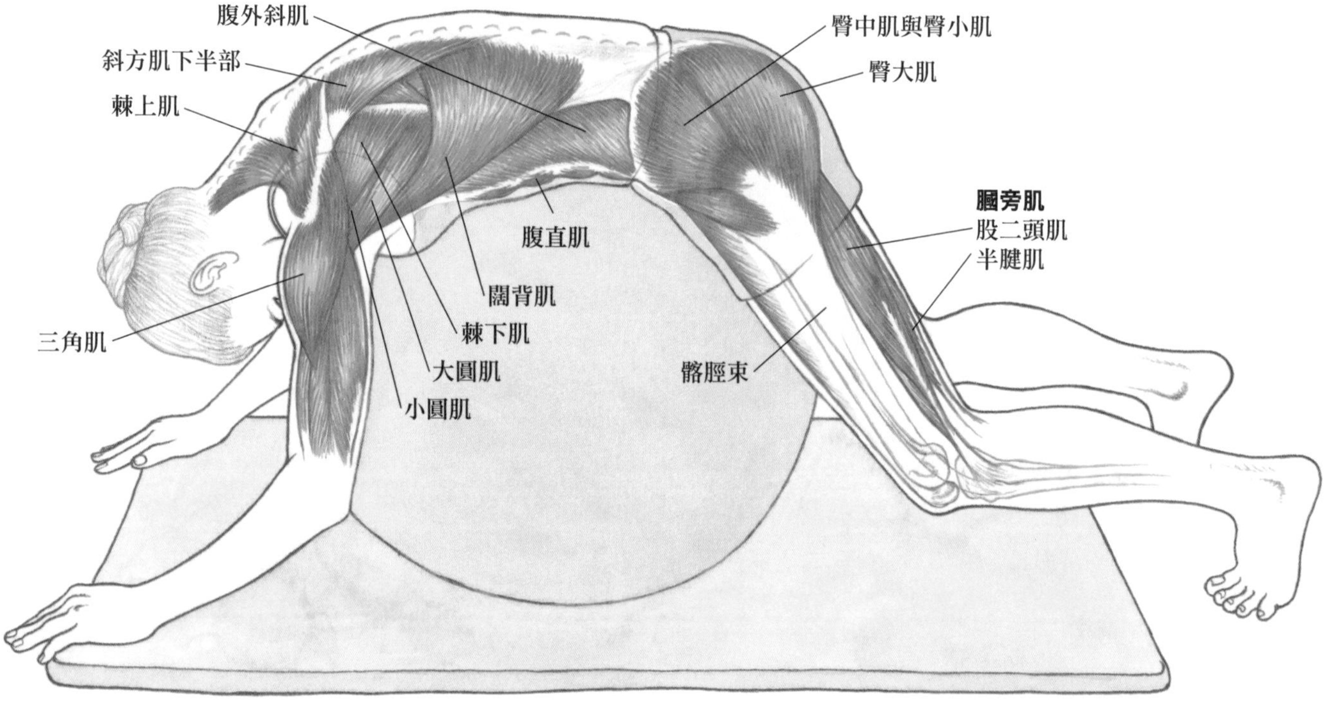

腹外斜肌
斜方肌下半部
棘上肌
三角肌
腹直肌
闊背肌
棘下肌
大圓肌
小圓肌
臀中肌與臀小肌
臀大肌
膕旁肌
股二頭肌
半腱肌
髂脛束

運動分析	關節一	關節二
主要關節	脊椎	髖關節
關節運動	屈曲	微屈曲
主要運動肌	豎脊肌 斜方肌下半部與中段 菱形肌 腰方肌 闊背肌	臀大肌 膕旁肌（上半部）

主要穩定肌
頸部：胸鎖乳突肌 手臂：肱三頭肌與前臂肌肉 肩關節：三角肌後半部、闊背肌、大圓肌與旋轉肌群 腹肌 肩胛骨：前鋸肌、菱形肌和斜方肌下半部

平躺轉動髖部

靜態伸展·複合運動 / 多關節運動·承重運動·初階到進階技術等級

 這是另一個簡單的伸展運動，相當適合釋放現代人因為姿勢不良而下背部肌肉緊繃的狀況。可以當成每日運動中的一個部分，或是在每天結束後當成獨立的運動來操作。

動作說明

仰臥、膝蓋微彎，雙腳靠地。輕輕地讓膝蓋倒向某一側，帶動髖部。維持這個伸展狀態一陣子。再回到原來的位置，換倒向另外一側，重複以上動作。

小秘訣：如何保持正確姿勢

- 動作過程中，盡可能不要改變雙腳著地的位置。
- 不要過度伸展，輕鬆地做動作。
- 和緩地呼吸。
- 避免圓肩或拱肩，保持胸口敞開。肩膀放鬆，肩胛骨下壓。

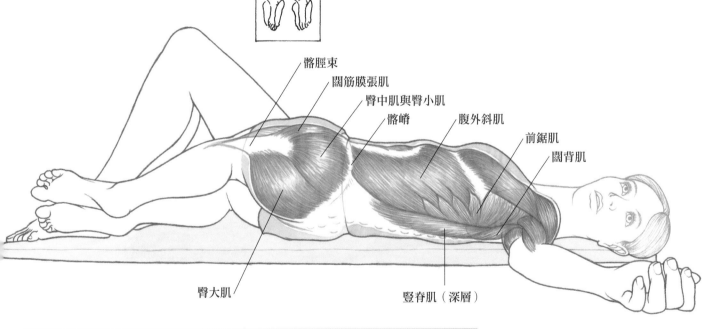

髂脛束
闊筋膜張肌
臀中肌與臀小肌
髂嵴
腹外斜肌
前鋸肌
闊背肌
臀大肌
豎脊肌（深層）

運動分析	關節一	關節二
主要關節	脊椎，腿部側向的那一邊	髖關節，腿部側向的那一邊
關節運動	旋轉	微內旋和內收
主要運動肌	腹肌（特別是腹外斜肌） 豎脊肌下半部 腰方肌	臀大肌、臀中肌與臀小肌 闊筋膜張肌和髂脛束

主要穩定肌

些微穩定力來自豎脊肌、腹肌和其他上半身的肌肉

仰臥臀大肌伸展

靜態伸展·複合運動／多關節運動·承重運動·中階到進階技術等級

➡️ 臀大肌是相當特別的一條肌肉，容易過度緊繃，卻也容易感到無力。臀大肌過度緊繃會增加下背部受傷的機率，也會增加膝蓋彎曲時屈曲髖部（例如深蹲與腿部硬舉）的風險。

小秘訣：如何保持正確姿勢

- 不要過度伸展，輕鬆地做動作。
- 和緩地呼吸。
- 避免圓肩或拱肩，保持胸口敞開。肩膀放鬆，肩胛骨下壓。
- 如果沒辦法將腳拉到胸口，不要勉強，等柔軟度改善之後再做這個動作。右腿跨在左腿上，用右手微微地將右側膝蓋推開。

動作說明

仰臥、膝蓋微彎，雙腳平貼於地。將右腿跨在左腿上，右腳板在左膝蓋上。雙手放在左大腿上方，將左腿拉近胸口。直到伸展程度大約 4-7 分左右（滿分為 10 分）。維持這個狀態，換腳重複以上動作。

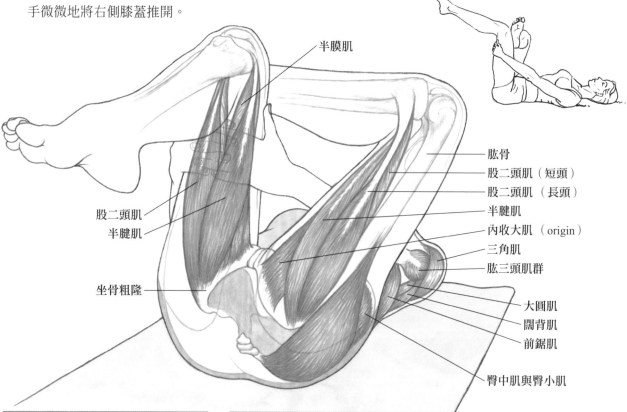

半膜肌

肱骨
股二頭肌（短頭）
股二頭肌（長頭）
半腱肌
內收大肌（origin）
三角肌
肱三頭肌群

股二頭肌
半腱肌

坐骨粗隆

大圓肌
闊背肌
前鋸肌

臀中肌與臀小肌

主要穩定肌
手臂：肱二頭肌 肩關節：三角肌後半部、闊背肌、大圓肌與旋轉肌群 肩胛骨：前鋸肌、菱形肌和斜方肌下半部 腹肌

運動分析	關節一	關節二
主要關節	髖關節（右大腿）	髖關節（左大腿）
關節運動	屈曲：內收與外旋	屈曲
主要運動肌	臀大肌 膕旁肌外側	臀大肌 膕旁肌

仰臥單側膕旁肌伸展

靜態伸展·複合運動／多關節運動·開放鏈
運動·初階到進階技術等級

這項運動能有效改善膕旁肌柔軟度不足的問題，強化下背部肌肉，特別是在運動過程中所伸展的膝蓋和屈曲的髖部。

動作說明

坐在軟墊上，用右腳板的中間踩住彈力帶。雙手平均地施力握住彈力帶，向後躺，呈仰臥姿，並垂直舉起右腳。保持膝關節伸直，但不要過度伸展。將對側腿部平放於軟墊，你應該可以感受到對側腿部的髖部前方肌肉，有被拉扯的感覺。將伸展的程度維持在大約 4-7 分左右。持續一陣子，換腳，重複以上動作。

小秘訣：如何保持正確姿勢

- 不要過度伸展，請輕鬆地做動作。
- 和緩地呼吸。
- 避免圓肩或拱肩，保持胸口敞開。肩膀放鬆，肩胛骨維持下壓。
- 若膕旁肌過於緊繃，可試著屈曲被伸展的那條腿。

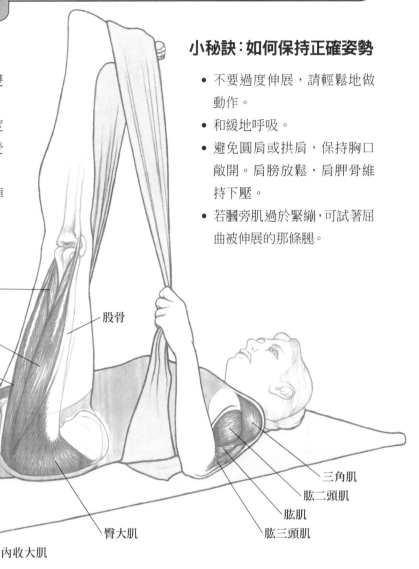

半膜肌
半腱肌
股二頭肌
縫匠肌
內收長肌
股骨
髕骨
脛骨
內收大肌
臀大肌
股骨
三角肌
肱二頭肌
肱肌
肱三頭肌

運動分析	關節一	關節二	關節三
主要關節	髖關節	膝關節	對側髖關節
關節運動	屈曲	伸展	適度伸展
主要運動肌	膕旁肌 臀大肌	膕旁肌 股薄肌	股四頭肌群的股直肌 髂腰肌

主要穩定肌

手臂：肱二頭肌
肩關節：三角肌後半部、闊背肌、大圓肌與旋轉肌群
肩胛骨：前鋸肌、菱形肌和斜方肌下半部
腹肌
伸展側的髖部：髂腰肌
伸展側的腿部：股四頭肌與內收肌群
對側腿：內收肌群

跨坐旋體拉鋸

靜態伸展·單關節運動·承重運動·初階到
進階技術等級

這也是全身性的伸展運動，特別著重於鍛鍊下半身。

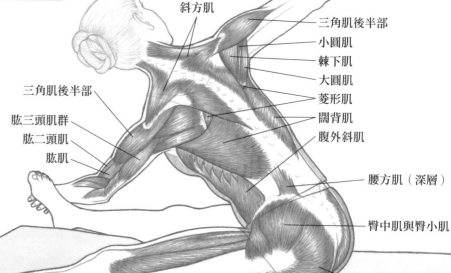

動作說明

在軟墊上用坐骨做好，呈高坐姿，雙腳平放於軟墊，張開約 60 度角。水平伸直手臂，保持胸口敞開。從腰部轉動上半身，帶動手臂和胸口一起轉動。吐氣的同時，將手臂和身體往前向下伸展，讓對側手臂可以碰到小腿內側。將伸展的程度維持在大約 4-7 分左右（滿分 10 分）。持續一陣子，換腳，重複以上動作。

小秘訣：如何保持正確姿勢

- 不要過度伸展，請輕鬆地做動作。
- 和緩地呼吸。
- 避免圓肩或拱肩，保持胸口敞開。保持肩膀放鬆，肩胛骨下壓。
- 如果你的髖部太緊繃了，可以試著坐在小軟墊或是折起來的毛巾上。

運動分析	關節一	關節二	關節三
主要關節	髖關節	脊椎	肩胛骨
關節運動	屈曲與外展	旋轉	外展
主要運動肌	雙腿：臀大肌、膕旁肌、內收肌群、恥骨肌、內收短肌、內收長肌、內收大肌與股薄肌 被伸展的那側：闊筋膜張肌與臀小肌	被伸展的那一側：腹肌，尤其是腹斜肌、闊背肌、腰方肌與豎脊肌（下半部）	菱形肌、斜方肌下半部與中段

主要穩定肌

身體：腹肌、豎脊肌與腰方肌
肩胛骨：前鋸肌、菱形肌和斜方肌下半部
肩部：旋轉肌群和三角肌

仰臥外側深層旋轉肌伸展

靜態伸展．單關節運動．承重運動．初階到進階技術等級

位於慣用腿那一側髖部深層的外側旋轉肌，常常會有緊繃的感覺，甚至會壓迫到腿部主要的神經（坐骨神經），導致小腿麻木或刺痛，造成坐骨神經痛。這項動作有很多不同的改良版本，這裡介紹的是最常見的版本。

動作說明

呈仰臥姿，雙腿伸直。雙臂向兩側伸直。屈曲右膝關節，將左手放在右膝外側。將右腿拉到左側。直到將伸展的程度維持在大約 4-7 分左右（滿分 10 分）。右膝關節應與左髖關節連成一線，或微微地位在左髖關節下方。維持這個動作一陣子，換腳，重複以上動作。

小秘訣：如何保持正確姿勢

- 不要過度伸展，輕鬆地做動作。
- 如果手臂無法搆到大腿，讓腿部盡可能往對側身即可。
- 盡可能將力量集中在轉動髖部，其次才是轉動下背部的脊椎。
- 避免圓肩或拱肩，保持胸口敞開。肩膀放鬆，肩胛骨下壓。
- 和緩地呼吸。

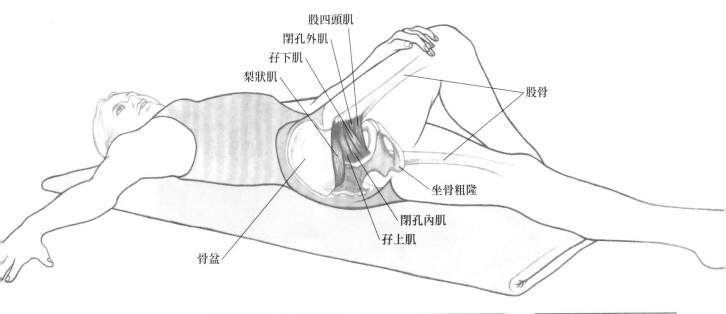

股四頭肌
閉孔外肌
孖下肌
梨狀肌
股骨
坐骨粗隆
閉孔內肌
孖上肌
骨盆

運動分析	關節一	關節二
主要關節	髖關節	骨盆與脊椎
關節運動	屈曲與水平內收	旋轉
主要運動肌	深層外側髖部旋轉肌、恥骨肌、孖下肌、孖上肌、腹外斜肌、腹內斜肌與股四頭肌 闊筋膜張肌與髂脛束 臀大肌、臀中肌、臀小肌	豎脊肌（下半部）腹斜肌 闊背肌 腰方肌

主要穩定肌

手臂：肱三頭肌
肩關節：三角肌後半部，闊背肌、大圓肌及以旋轉肌群
肩胛骨：前鋸肌、菱形肌和斜方肌下半部
腹肌

站姿髂腰肌伸展

靜態伸展·單關節運動·封閉鏈運動·承重
運動·中階到進階技術等級

若髖部屈肌（尤其是髂腰肌）過度緊繃，以站姿運動會使腰椎過度伸展；腹肌不夠強壯時，此現象可能會更加明顯。做這個伸展運動有個關鍵，就是必須放慢速度，將注意力集中在技巧上。

動作說明

呈站姿，單腳向前，雙腳間隔與肩同寬。面向牆壁，將雙手放在牆面或運動橫桿上。前腳平貼於地，落在膝關節正下方或是微微向前。髖部則與脊椎成一個方形，相互對正。將髖部稍微向前傾，骨盆向後翹起。維持伸展強度大約4-7分左右（滿分10分）。換腳，重複以上動作。

小秘訣：如何保持正確姿勢

- 不要過度伸展，輕鬆地做動作。你可以感受到後腳的髖部前方，腿部與身體相接的位置深層，有微微向前的緊繃感。
- 和緩地呼吸，保持姿勢對正穩定。
- 避免圓肩或拱肩，保持胸口敞開。肩膀放鬆，肩胛骨下壓。
- 保持前腿膝關節超過腳趾。

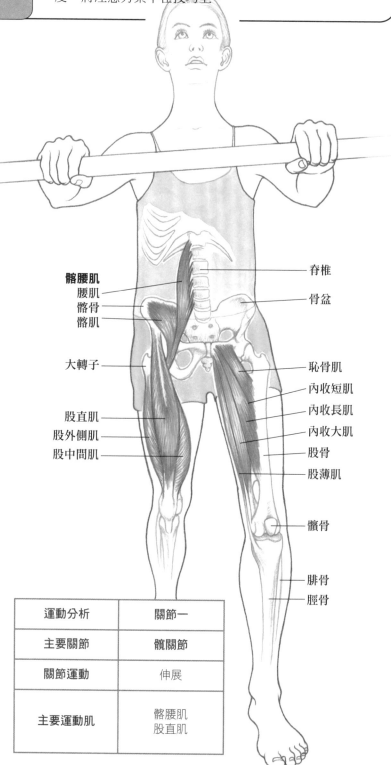

髂腰肌
　腰肌
　髂骨
　髂肌

大轉子

股直肌
股外側肌
股中間肌

脊椎

骨盆

恥骨肌
內收短肌
內收長肌
內收大肌
股骨
股薄肌

髕骨

腓骨
脛骨

主要穩定肌
腹肌 身體與髖部之手臂：腰方肌、豎脊肌、內收肌群、臀中肌和臀小肌 腿部：股直肌、內收肌群與膕旁肌 肩胛骨：前鋸肌、菱形肌和斜方肌下半部

運動分析	關節一
主要關節	髖關節
關節運動	伸展
主要運動肌	髂腰肌 股直肌

腓腸肌伸展

靜態伸展‧單關節運動‧封閉鏈運動‧承重運動‧初階到進階技術等級

小腿肌肉的結構較為緊密。雖然體積較小，但小腿肌是全身最強壯的肌肉之一。小腿肌過於緊繃，會限制腳踝背屈的能力，進而限制膝蓋彎曲、放大髖部彎曲的範圍，也會影響深蹲和下壓等腿部動作。

動作說明

面向牆壁，單腿在前，雙腳張開，與肩同寬。前腳膝蓋微彎，落在前腳板上方，後腳保持伸直。身體前傾，雙手扶牆，舉高到約上胸口的位置。保持雙腳平貼地板，姿勢維持穩定，髖部前傾，直到將伸展的程度維持在大約 4-7 分左右（滿分 10 分）。維持這個動作一陣子，換腳，重複以上動作。

小秘訣：如何保持正確姿勢

- 不要過度伸展，輕鬆地做動作。
- 和緩地呼吸。
- 避免圓肩或拱肩，保持胸口敞開。肩膀放鬆，肩胛骨下壓。
- 不要過度伸展手臂導致肩膀過度緊繃。雙臂輕鬆地伸直，微彎 10 度左右。

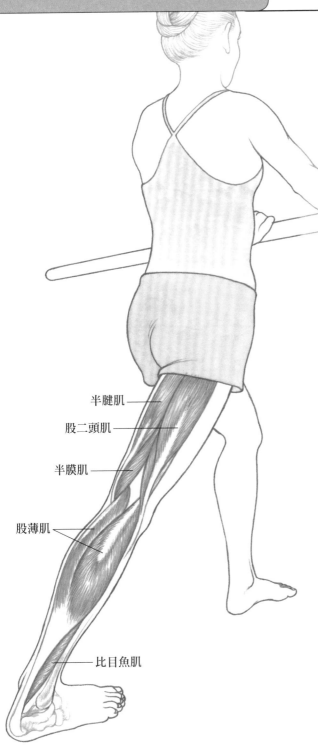

半腱肌
股二頭肌
半膜肌
股薄肌
比目魚肌

運動分析	關節一	關節二
主要關節	踝關節	膝關節（後腿）
關節運動	背曲	伸展
主要運動肌	腓腸肌 比目魚肌	腓腸肌

主要穩定肌

身體：腹肌與豎脊肌
髖部：內收肌群，臀中肌與臀小肌
肩關節：三角肌前半部、胸大肌、旋轉肌群
肩胛骨：前鋸肌、菱形肌與斜方肌下半部
手臂：肱三頭肌
腿部肌肉：股直肌和膕旁肌

棒式到下犬式

靜態 / 動態伸展·複合運動 / 多關節運動·
封閉鏈運動·承重運動·中階到進階技術
等級

 下犬式是瑜伽動作「拜日式」的一部分，將 12 個連續
動作，優雅地配合呼吸，整合成一個完整的動作。

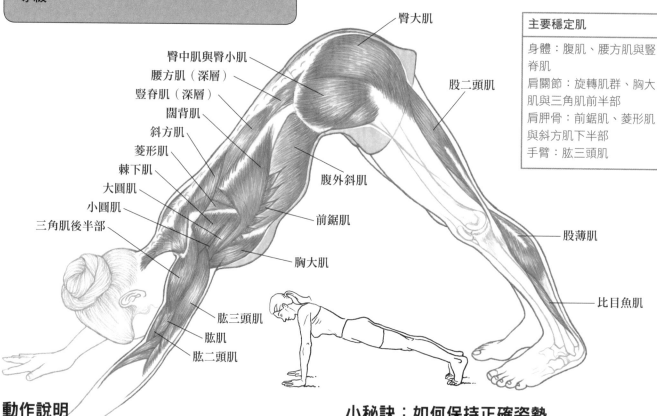

臀大肌

臀中肌與臀小肌
腰方肌（深層）
豎脊肌（深層）
闊背肌
斜方肌
菱形肌
棘下肌
大圓肌
小圓肌
三角肌後半部

股二頭肌

腹外斜肌

前鋸肌

股薄肌

胸大肌

比目魚肌

肱三頭肌
肱肌
肱二頭肌

主要穩定肌

身體：腹肌、腰方肌與豎
脊肌
肩關節：旋轉肌群、胸大
肌與三角肌前半部
肩胛骨：前鋸肌、菱形肌
與斜方肌下半部
手臂：肱三頭肌

動作說明

　　雙手與雙腳著地撐起身體。將手臂在上胸口處伸直，
雙手間隔比肩膀稍寬。保持脊椎正中，腹肌微縮維持
身體穩定。吐氣，從髖部將身體抬起，放下，然後再
抬起。保持胸口敞開。

小秘訣：如何保持正確姿勢

* 一開始先保持膝蓋微彎、腳踝離地。
* 將坐骨向上舉高的時候，盡可能保持腳板貼地。
* 保持肩胛骨下壓，打開肩胛骨。
* 保持雙手平貼於地，手掌打開，雙手食指平行。

運動分析	關節一	關節二	關節三	關節四
主要關節	踝關節	膝關節	髖部和骨盆	肩部
關節運動	背曲	伸展	彎曲	盡可能地屈曲和內旋
主要運動肌	腓腸肌 比目魚肌 蹠肌 後脛肌 屈指長肌 屈足拇長肌	腓腸肌 膕旁肌 膕肌	臀大肌 膕旁肌 腰方肌 闊背肌 豎脊肌	肱三頭肌 肱二頭肌 旋轉肌群 闊背肌 大圓肌 三角肌 胸大肌（尤其是靠近腹部 的下半部）

嬰孩式伸展

靜態 / 動態伸展·複合運動 / 多關節運動·封閉鏈運動·承重運動·初階到進階技術等級

 嬰孩式伸展是一種瑜伽動作,在一連串激烈的運動後,這個動作非常適合作為緩和的結束。

動作說明

呈跪姿,跪在運動軟墊或瑜伽墊上,雙膝微微打開。手臂放在身體側邊。將頭的側邊或額頭,用自己覺得舒服的方式靠在軟墊上。

小秘訣:如何保持正確姿勢

這個伸展動作的關鍵在於放鬆,讓身體自然舒服地放鬆。

小秘訣:呼吸與放鬆

放鬆呼吸(或是橫膈膜呼吸)是身體最自然的呼吸反應。人處在慢性壓力下,會讓呼吸變得短促,使血氧只有自然呼吸的 90% 或更低,這就是為什麼處於壓力下的呼吸,會讓人覺得疲倦、無法專心(對腦部的供氧下降)、消化變差(胸廓塌陷)、肌肉更為緊繃(些微缺氧的現象)。日常生活中,不妨善用放鬆和深度呼吸的技巧,可以連續三次深呼吸來練習。從鼻子吸氣,讓空氣從嘴巴自然地呼出。放鬆呼吸不侷於地點,且有助於放鬆,保持清醒和警覺。

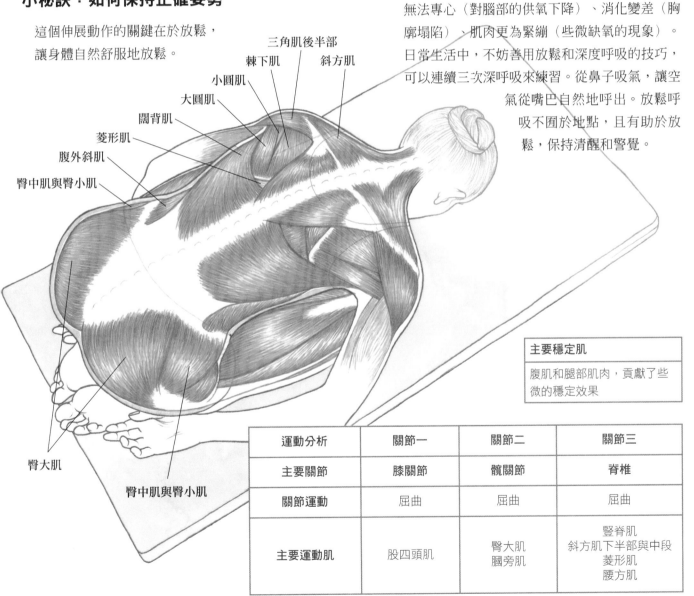

三角肌後半部
棘下肌
斜方肌
小圓肌
大圓肌
闊背肌
菱形肌
腹外斜肌
臀中肌與臀小肌
臀大肌
臀中肌與臀小肌

主要穩定肌

腹肌和腿部肌肉,貢獻了些微的穩定效果

運動分析	關節一	關節二	關節三
主要關節	膝關節	髖關節	脊椎
關節運動	屈曲	屈曲	屈曲
主要運動肌	股四頭肌	臀大肌 膕旁肌	豎脊肌 斜方肌下半部與中段 菱形肌 腰方肌

專業術語表

- **外展**　將肢體從身體中線向外移動的動作。例如：將伸直的手臂，向外舉起。
- **內收**　將肢體從身體中線向內移動的動作。例如：將伸直的手臂，向內拉回。
- **主動肌**　做出動作的肌肉。
- **前側（腹側）**　身體前方。
- **骨盆前傾**　想像骨盆像是一盆裝滿水的桶子，骨盆向前傾斜，此時水會向前灑。
- **拮抗肌**　一樣作用在關節上，但作用效果和主動肌相反的肌肉。
- **輔助運動**　用來輔助核心運動的運動。輔助運動對特定的肌肉或是肌肉頭部有相對較大的強度。
- **迴旋**　迴旋運動（包含伸展、屈曲、內收與外展），但骨幹不會旋轉。
- **複合運動**　包含兩個（含以上）關節的運動。
- **向心收縮**　肌肉收縮，使肌肉長度縮短。
- **核心運動**　主要運動。
- **閉鎖鏈運動**　運動中的遠端肢體被固定住或是承重。大部分的複合運動都是閉鎖鏈運動。
- **髖部外旋深肌群**　此肌群由梨狀肌、孖肌、閉孔肌和股四方肌組成，位於臀大肌深處。
- **遠端**　遠離身體中心的位置。
- **動態穩定肌**　跨兩個關節的肌肉，能夠在不影響長度的前提下，同時在目標關節收縮，在另外一個關節放鬆。穩定肌在複合運動中非常常見。
- **離心收縮**　肌肉收縮，使肌肉長度增加。
- **外翻**　足部轉離正中平面。
- **伸展**　拉伸、延展或是打開某個關節，會讓關節兩端的骨頭夾角變大。
- **外轉**　關節沿著橫斷面向身體外側旋轉。這個動作會往身體後側轉動。
- **屈曲**　關節彎曲，使夾角變小。
- **功能性訓練**　以某種方式讓人增加力量或活動性的運動，這些動作也剛好能運用在某些活動中（例如某種運動技巧、職業需求或是日常生活中）。
- **高衝擊運動**　這一類運動較強調骨骼肌系統對抗重力的效果，例如跑步。
- **過度伸展**　將某個關節過度伸展，甚至超過一般正常的解剖位置。
- **往下運動**　離開頭部的動作。
- **運動強度**　指的是使用多少重量、最大肌力的比例或是運動中施力的程度。
- **內轉**　關節沿著橫斷面向身體內側旋轉。這個動作會往身體前側轉動。
- **內翻**　足部轉回正中平面。
- **單關節運動**　只有動到一個關節的運動。
- **等長收縮**　肌肉收縮不會明顯改變長度；又名靜態收縮。
- **等張收縮**　肌肉收縮時張力固定。
- **後凸**　脊椎向後凸出的曲線。
- **外側**　沿著冠狀平面遠離身體中線。
- **前凸**　脊椎向前凸出的曲線。
- **低強度運動**　這一類運動較不強調骨骼肌系統對抗重力的效果，例如走路。
- **內側**　沿著冠狀平面靠近身體中線。
- **非負重運動**　這類運動可減輕身體承受體重的效應，例如游泳。
- **開放鏈運動**　運動中的遠端肢體未被固定或承重。大部分的單一肌肉訓練都是開放鏈運動。
- **超負荷**　超出身體現在可承受的刺激，會造成較長時間的生理變化。
- **後側（背側）**　位在後方或是身體背部。
- **骨盆後傾**　想像骨盆像是一盆裝滿水的桶子，骨盆向後傾斜，此時水會向後灑。
- **內旋**　腳或前臂向內旋轉。
- **近端**　靠近身體或中心。
- **ROM**　活動範圍，每一個關節都有各自的活動範圍。身體的每個關節都有「正常」的活動範圍。
- **旋轉**　沿著骨頭長軸的旋轉運動。
- **矢狀平面**　將身體切分成左右的平面。沿此平面的運動為前後方向。
- **保護者**　又稱為幫補者，指的是在健身過程中的協助者，通常會幫忙舉起將槓鈴歸位。
- **協同肌**　協助其他肌肉完成某個動作的肌肉。
- **穩定肌**　收縮時不會做出明顯動作的肌肉。
- **上方**　往上、往頭部上方。
- **橫截面**　將身體切分成上下的平面。沿此平面的運動為水平方向。
- **外翻**　骨頭向外側翻轉，常見於髖部、膝部或足部。
- **承重**　指的是運動過程中，身體對重力直接的承受程度，例如走路。

進階閱讀

ACSM, ACSM＇s Guidelines for Exercise Testing and Prescription, 7th edition, 2005, Lippincott, Williams and Wilkins, USA

Anatomical Chart Company, Women＇s Health and Wellness: an illustrated Guide, 2002, Lippincott, Williams and Wilkins, USA

Craig, Colleen, Pilates on the Ball, 2001, Healing Arts Series, Vermont

Craig, Colleen, Strength Training on the Ball, 2005, Healing Arts Series, Vermont

Dealvier, Frederic, Women＇s Strength Training Anatomy, 2003, Human Kinetics

Dufton, Jennifer, The Pilates Difference, 2005, Bounty, London

Endacott, Jan, Fitball Workout, 2004, Bounty, London

Floyd, R.T. and Thompson, Clem W., Manual of Structural Kinesiology, 14th edition, 2003, McGraw Hill, USA

Viljoen, Wayne, Weight Training Handbook, 2004, New Holland, London

Wyatt, Tanya, Be Your Own Personal Trainer, 2004, New Holland, London

Wyatt, Tanya, Stretch Routines, 2005, New Holland, London

網站

www.acefitness.org
www.acsm.org
www.anatomical.com
www.exerciseacademy.com
www.exrx.net
www.fitnesszone.co.za
www.womenfitness.net
www.womenshealth.com
www.4women.gov

女性運動解剖學
伸展與體能訓練

出　　　版／楓書坊文化出版社
地　　　址／新北市板橋區信義路163巷3號10樓
郵 政 劃 撥／19907596　楓書坊文化出版社
網　　　址／www.maplebook.com.tw
電　　　話／02-2957-6096
傳　　　真／02-2957-6435
作　　　者／馬克‧維拉
譯　　　者／黃馨弘
企 劃 編 輯／陳依萱
校　　　對／黃薇霓
港 澳 經 銷／泛華發行代理有限公司
定　　　價／420元
初 版 日 期／2021年8月

國家圖書館出版品預行編目資料

女性運動解剖學伸展與體能訓練 ／ 馬克‧
維拉作；黃馨弘譯. -- 初版. -- 新北市：楓
書坊文化出版社, 2021.08　面；　公分

ISBN 978-986-377-699-4（平裝）

1. 運動生理學 2.體能訓練 3.肌肉生理
4.女性

528.9012　　　　　　110009198